Francisco de Assis

Raniero Cantalamessa

Francisco de Assis

O GÊNIO RELIGIOSO E O SANTO

Tradução:
Silvana Cobucci

Edições Loyola

Título original:
Francesco d'Assisi – Il genio religioso e il santo
© 2018 ÀNCORA S.r.l.
Àncora editrice – Via B. Crespi, 30 – 20159 Milano
ISBN 978-88-514-1789-5

Dados Internacionais de Catalogação na Publicação (CIP)
(Câmara Brasileira do Livro, SP, Brasil)

Cantalamessa, Raniero
    Francisco de Assis : o gênio religioso e o santo / Raniero Cantalamessa ; tradução Silvana Cobucci. -- São Paulo, SP : Edições Loyola, 2023. -- (Testemunhas de Cristo ; 1)

    Título original: Francesco d'Assisi : Il genio religioso e il santo.
    ISBN 978-65-5504-303-7

    1. Francisco de Assis, Santo, 1182-1226 2. Hagiografia cristã I. Título II. Série.

23-171684   CDD-282.092

Índices para catálogo sistemático:
1. Santo : São Francisco de Assis : História   282.092

Tábata Alves da Silva - Bibliotecária - CRB-8/9253

Capa: Ronaldo Hideo Inoue
São Francisco de Assis. Detalhe do mais antigo retrato conhecido do santo, executado em vida durante o período que passou em retiro no mosteiro, entre 1223-1224; afresco em um mural no Sacro Speco (Caverna de São Bento), em Subiaco, Itália. Na contracapa, fundo com detalhe da Abadia de Santa Escolástica, em Subiaco, Itália; foto de Simone Frignani.
© Wikimedia Commons.
Diagramação: Telma Custódio

Edições Loyola Jesuítas
Rua 1822 nº 341 – Ipiranga
04216-000 São Paulo, SP
T 55 11 3385 8500/8501, 2063 4275
editorial@loyola.com.br
vendas@loyola.com.br
www.loyola.com.br

Todos os direitos reservados. Nenhuma parte desta obra pode ser reproduzida ou transmitida por qualquer forma e/ou quaisquer meios (eletrônico ou mecânico, incluindo fotocópia e gravação) ou arquivada em qualquer sistema ou banco de dados sem permissão escrita da Editora.

ISBN 978-65-5504-303-7

© EDIÇÕES LOYOLA, São Paulo, Brasil, 2023

SUMÁRIO

APRESENTAÇÃO 9

I. FRANCISCO DE ASSIS, "GÊNIO RELIGIOSO" 11
   A pesquisa sobre os gênios religiosos da humanidade 11
   O Francisco dos cristãos 17
   O Francisco de todos 20
   Francisco e o amor 22
   Francisco de Assis, gênio humilde 33
   Francisco, homem livre 37
   Francisco de Assis, visto de longe 39

II. FRANCISCO DE ASSIS, O ANJO DO SEXTO SELO 41
   "Vai, Francisco, e restaura a minha Igreja!" 42
   O Francisco das lágrimas 47
   "Ai dos que morrerem em pecado mortal!" 50
   Um sacerdócio renovado para a Igreja 53

III. "UM SOL NASCEU PARA O MUNDO" 55
   O Francisco que prega e o Francisco objeto de pregação 56
   O que Francisco diz a todos os cristãos 58
   Francisco ao clero 62
   Francisco aos governantes 64

IV. SE FRANCISCO DE ASSIS FALASSE HOJE AOS RICOS 67

V. APAREÇA, FRANCISCO! 77
   O nosso Te Deum 77
   Um exame de consciência 78
   Um confiante olhar para o futuro 80

VI. FRANCISCO, MENSAGEIRO DE PAZ 85
   Natal da paz 85
   Francisco, arauto da paz 86
   O segredo desta paz 89
   A paz que anunciais com os lábios, deveis tê-la no coração 90

    Paz e perdão...93
    Francisco, pioneiro do diálogo com o islã....................................94

VII. "ALTÍSSIMO, ONIPOTENTE, BOM SENHOR!" 99
    Como nasce o Cântico 99
    A "estrutura" do Cântico 100
    Um comentário 104
    Um canto à luz nascido na escuridão 109

VIII. FRANCISCO E CLARA 111

IX. "A VIDA E A REGRA DOS FRADES MENORES É ESTA"..............117
    O carisma em estado nascente 117
    Carismáticos itinerantes...120
    De Francisco a Cristo 121
    Uma pregação franciscana renovada...123
    Uma prece "franciscana" 126
    Ser "para os pobres" e "ser pobres" 127
    A nossa colocação na Igreja 130
    Um novo Pentecostes franciscano 133

X. "ESTE É O MEU TESTAMENTO" 135
    O amor pelos leprosos...136
    O amor pelos sacerdotes 140
    O amor pela Eucaristia..141
    A palavra de Deus...144
    Senhora Pobreza..146

XI. FRANCISCO DE ASSIS E O RETORNO AO EVANGELHO 149
    A conversão de Francisco 149
    Reformador sem querer 153
    O Evangelho ao pé da letra...155
    Como imitar Francisco 159

XII. A HUMILDADE DE FRANCISCO DE ASSIS 161
    Humildade objetiva e humildade subjetiva...............................161
    A humildade como verdade 162
    A humildade como serviço de amor 165
    Uma Igreja humilde 169

XIII. O HOMEM E A CRIAÇÃO, NA BÍBLIA E EM FRANCISCO DE ASSIS...173
    Povoai a terra e submetei-a 173

Preocupar-se ou não com o amanhã?..176
Eis o que nos ensina Francisco de Assis 178

XIV. FRANCISCO, ROSTO DA MISERICÓRDIA DE CRISTO 183
Jesus e Zaqueu..184
Não ao pecado, sim ao pecador 186
A misericórdia de Francisco..187
Francisco e a riqueza desonesta 190

XV. COM SÃO FRANCISCO DIANTE DO PRESÉPIO...........................193
Ver com os olhos do corpo..193
O espanto da criança..195
O presépio como ícone..196
O boi e o jumentinho...198

ÍNDICE DOS AUTORES E OBRAS CITADOS 201

APRESENTAÇÃO

Este livro contém um ensaio sobre Francisco de Assis como gênio religioso (inédito em língua italiana) e diversos escritos mais breves sobre aspectos particulares da santidade do *Poverello* [Pobrezinho]. O primeiro nasceu no contexto de uma pesquisa em âmbito internacional sobre gênios religiosos da humanidade; os demais tiveram uma origem oral, muitas vezes ocasional. Daí a diferença de extensão e de estilo das duas partes.

No decurso das últimas quatro décadas de minha vida, ou seja, desde que me dediquei em tempo integral à pregação, tive diversas oportunidades para escrever ou falar de meu seráfico pai São Francisco. Os temas e os títulos de minhas intervenções não foram uma escolha minha. Eles me foram propostos – e às vezes impostos – por eventos particulares, a começar pelo VIII Centenário do nascimento do Santo, em 1982, até a subida ao trono pontifício do cardeal Bergoglio que, pela primeira vez na história, decidiu adotar o nome do Pobrezinho de Assis.

Minha primeira pregação de Advento na Casa Pontifícia, realizada na presença dele em 2013, teve como tema a figura e a missão de Francisco de Assis. Pretendia ser um sinal de gratidão da família seráfica ao papa pela escolha do nome e um encorajamento no propósito, por ele manifestado no momento da eleição, de levar ao coração da Igreja um pouco do espírito do Pobrezinho. Na época, eu não sabia o quanto os anos subsequentes superariam, nesse aspecto, as nossas expectativas e as de todo o mundo. Duas das meditações realizadas naquela ocasião estão inseridas nesta coletânea.

Um famoso teórico da comunicação social, Marshall McLuhan, criou o *slogan* "O meio é a mensagem". Com ele pretendia dizer – ou, ao menos, hoje se pretende dizer – que o meio de transmissão de uma notícia ou de uma história (por via oral, por meio de escrita, imprensa, internet etc.) influi em seu conteúdo, determinando sua interpretação e seu destino. Creio que se pode dizer com a mesma verdade que "o lugar é a mensagem" e também dizer que "o tempo é a mensagem"; em outras palavras, que a circunstância em que um tema é tratado e o público diante do qual ele é exposto ajudam a apreender aspectos diferentes e eventualmente desconhecidos do próprio assunto. Experimentei isso pessoalmente, no que diz respeito à minha compreensão de Francisco.

Todos esses fatos me levaram a reunir as diversas intervenções num volume. Mantive a ordem cronológica em que nasceram, também porque ela reflete meu caminho pessoal de aprofundamento da figura e da mensagem de Francisco no decorrer dos anos. Deliberadamente, não quis eliminar algumas repetições, porque acredito que isso ajuda a ressaltar certos traços essenciais da personalidade do Santo que emergem de qualquer ângulo de que se observe.

Espero que fique bem claro que o centro de tudo não é Francisco de Assis, mas aquele que preencheu sua vida e de quem ele foi um ícone vivo, Jesus Cristo. Do contrário, eu não saberia como levar Francisco a me perdoar por ter ousado acrescentar um enésimo título à imensa bibliografia a seu respeito. "O servo de Deus – costuma dizer Francisco – é como uma tábua de madeira, na qual o pintor pintou uma esplêndida imagem. Ninguém atribui à madeira a glória da imagem, mas todo louvor é dirigido ao artista que a desenhou" (*Legenda Perugina*, 104).

I
FRANCISCO DE ASSIS, "GÊNIO RELIGIOSO"

A pesquisa sobre os gênios religiosos da humanidade

Em 16 de novembro de 1972, a Unesco, a organização mundial das Nações Unidas para a cultura, assinou a convenção sobre o que deve ser considerado "Patrimônio da Humanidade" (em inglês "World Heritage"). A lista dos lugares e de outras realidades incluídas na categoria chegou até o momento ao número de 1.052, divididos entre os 165 Estados do mundo, mas está em contínuo aumento. O estudioso judeu Alon Goshen-Gottstein, fundador do Instituto "Elias" para o diálogo entre as fés, com sede em Jerusalém ("The Elijah Interfaith Institute"), teve a intuição de estender a categoria de "Patrimônio da Humanidade", dos lugares e dos artefatos humanos, às pessoas, ou seja, aos homens e às mulheres que deixaram uma marca indelével na história religiosa da humanidade, aplicando a eles a categoria de "gênio religioso".

O conceito de "gênio religioso" não nasceu hoje. O grande estudioso de psicologia William James o empregara amplamente em suas pesquisas, mas com um interesse exclusivamente científico, para definir a personalidade do próprio sujeito e seus eventuais componentes patológicos[1]. O tema foi discutido também em outro âmbito, mais pertinente à religião. No mesmo ano da convenção da Unesco, 1972, o investidor e filantropo anglo-americano Sir John Templeton (1912-2008) instituiu um prêmio anual destinado ao setor da religião e do espírito, que podemos considerar um suplemento ao Prêmio Nobel da paz.

---

[1] Cf. GOSHEN-GOTTSTEIN, A., *Religious Genius: Appreciating Inspiring Individuals across Traditions*, Basingstock, Palgrave Macmillan, 2017.

O prêmio, lemos no *site* da Templeton Foundation, pretende homenagear pessoas vivas que contribuíram de maneira excepcional para afirmar a dimensão espiritual da vida, através de intuições, descobertas ou obras práticas. O prêmio visa identificar "empreendedores do espírito", ou seja, indivíduos superiores que dedicaram seus talentos para ampliar a visão da razão de ser do ser humano e da realidade última. O prêmio não se destina a uma tradição ou ideia especial de Deus, mas se propõe a promover o progresso no esforço humano de compreender as diversas manifestações do divino.

O prêmio até agora foi atribuído a filósofos, teólogos, membros do clero, filantropos, reformadores, fundadores de novas ordens religiosas, movimentos sociais ou científicos, incluindo as pesquisas sobre a origem do universo. A lista dos premiados desde 1973 até hoje mostra a variedade dos interesses examinados e não exclui nem sequer cientistas ateus ou agnósticos. Entre as atribuições mais ligadas ao fator religioso e mais familiares aos cristãos devem ser incluídas as de Madre Teresa de Calcutá (a primeira premiada em 1973), de Frère Roger Schutz, fundador de Taizé, de Chiara Lubich, fundadora do Movimento dos Focolares, do cardeal Leo Suenens e de Jean Vanier (2015). Em 2016, o prêmio foi atribuído a Rabbi Lord Jonathan Sacks, antigo rabino-chefe das Congregações Judaicas Unidas da Commonwealth.

O projeto do Instituto "Elias" para o diálogo entre as fés se insere nesse projeto, mas com importantes novidades que fazem dele uma iniciativa nova e pioneira. Antes de tudo, o campo não é limitado às pessoas vivas (como ocorre também no Prêmio Nobel), mas abrange toda a história da humanidade. Aliás, por sua natureza, tende a excluir os vivos, nos quais não é garantida uma qualidade essencial do gênio religioso, que é a da duração no tempo e da confirmação da história. Em segundo lugar, o fator religioso é tomado aqui em sentido muito mais preciso e restrito; o adjetivo "religioso" não é menos importante que o substantivo "gênio".

No entanto, a maior novidade me parece outra. Neste novo projeto, não se trata simplesmente de identificar personagens merecedores de reconhecimento no âmbito dos valores do espírito, e sim de valorizar aquilo que neles pode ser visto como "patrimônio de toda a humanidade", ou ao menos de todas as religiões. É um passo à frente também no interior do diálogo entre as religiões, iniciado, entre os católicos, pelo decreto *Nostra aetate*, do Concílio Vaticano II. Do simples conhecimento e estima recíproca, se propõe passar à recíproca edificação e ao mútuo enriquecimento. Em outras palavras, o diálogo inter-religioso é visto não apenas como caminho para descobrir os valores presentes em outras fés, mas também como um meio para compreender melhor as possibilidades presentes na própria fé.

O novo projeto, que inclui representantes e estudiosos de várias religiões, concretizou-se até agora numa pesquisa de amplo alcance. Nela, Alon Goshen-Gottstein, principal promotor do projeto, faz a história da categoria do gênio religioso, evidencia as analogias e as diferenças em relação à de santo, de sábio e de mártir, e sobretudo propõe uma série de critérios para identificar quem atende aos requisitos para ser assim definido. Aponta seis "requisitos fundamentais" que deveriam estar presentes para poder falar de gênio religioso: amor, pureza (entendida no sentido do processo de purificação necessário no ser humano para atingir a perfeição), humildade (entendida no sentido da superação do ego), atitude de submissão e de dependência perante um poder superior, expansão da consciência do real e lógica da imitação[2]. À contribuição principal de Goshen-Gottstein seguem-se as de outros estudiosos de religiões que, com suas observações, complementam e às vezes se apresentam como alternativa aos critérios propostos por ele. O resultado é um estudo de vanguarda que, a meu ver, mereceria ele mesmo o Prêmio Templeton pelos horizontes que abre para a valorização do fator religioso e para o diálogo entre as religiões.

Penso que a pesquisa, concebida como estudo preliminar para definir e identificar gênios religiosos, na realidade já atingiu seu principal objetivo. Em outras palavras, penso que o projeto deveria parar neste estágio, quando muito ampliando-o e aprofundando-o cada vez

---

[2] GOSHEN-GOTTSTEIN, A., *Religious Genius...*, op. cit., n. 4.1. – 4.1.6.

mais, sem tentar determinar, com base em critérios gerais, uma lista de nomes a ser apontados como gênios religiosos universais. Do contrário, aconteceria o que está acontecendo com a categoria de "Patrimônio da Humanidade" da Unesco. Ele acabou sendo aplicado a tantas coisas e tão disparatadas (uma delas é a dieta mediterrânea!) que perdeu quase todo o seu significado. Quando tudo, ou demasiadas coisas, é patrimônio da humanidade, nada mais é realmente isso. A categoria se mostra inflacionada, sem contar que, no nosso caso, quem é considerado um gênio de sinal positivo numa religião poderia ter o sinal oposto em outra religião, tornando-se, por fim, um fator de divisão e não de concórdia. Isso não significa refutar o método proposto para a pesquisa sobre os gênios religiosos, mas, ao contrário, acrescenta-lhe, a meu ver, a possibilidade de ser aceito e utilizado no momento que se passa do conceito de gênio religioso a um gênio religioso "de carne e osso".

Procuro explicar o motivo pelo qual considero insuficiente o estudo de um gênio religioso feito apenas a partir de critérios gerais, aceitáveis até para os que professam religiões diferentes. Ele apreenderia fatalmente também o que é secundário no gênio religioso e não o que para ele é primordial, e dificilmente poderia fugir da lógica do "mínimo denominador comum". De fato, não existe um gênio religioso abstrato; existe o gênio religioso no interior de uma religião e de uma cultura.

A esse respeito, pode ser esclarecedor aprofundar a analogia que existe entre o gênio religioso e a poesia. A poesia é a única arte por si só intraduzível. Uma pintura, uma escultura e uma sinfonia são idênticas no lugar em que nasceram e no resto do mundo. Não necessitam de tradução. Uma poesia não. A poesia está vitalmente ligada à língua em que é pensada. Acontece algo semelhante com os gênios religiosos. Sem dúvida, há em toda verdadeira poesia um elemento que permanece mesmo quando ela é traduzida para outras línguas e que a torna universal, mas nunca será a mesma coisa. Alguma coisa sempre fica "lost in translation". Assim me parece ser a universalidade que se pode atribuir a um gênio religioso.

A convite do responsável pela pesquisa, aceitei aplicar essas minhas convicções a um dos mais óbvios candidatos ao título de gênio religioso, Francisco de Assis. Partindo da analogia entre a santidade e a poesia (redobrada pelo fato de ele ter sido ambas as coisas, santo e poeta ao mesmo tempo), procurarei demonstrar primeiramente o que Francisco representa, lido na "língua original", ou seja, como cristão por cristãos, e em segundo lugar o que ele pode representar traduzido em outras línguas, isto é, para crentes de outras religiões e até para não crentes. O objetivo deste ensaio obriga a dar mais espaço ao "Francisco para todos" que ao "Francisco dos cristãos". Por isso, direi apenas poucas coisas essenciais sobre o segundo, para me concentrar no primeiro, tendo presente que o que vou dizer sobre o "Francisco de todos" também se aplica ao "Francisco dos cristãos".

Antes de tudo, é preciso explicar o que a categoria de gênio religioso acrescenta à de santo com que Francisco é conhecido no mundo cristão. A pesquisa em andamento sobre a categoria de gênio religioso evidenciou algumas particularidades que distinguem o gênio religioso de outras categorias, como o santo cristão, o *zaddiq* judeu, o *sufi* do islã, o *guru* hindu, o *bodhisattva* budista, e assim por diante[3].

Um célebre pensamento de Blaise Pascal pode nos ajudar a compreender a diferença entre o santo e o gênio religioso. Pascal formulou o famoso princípio das três ordens ou planos da realidade: a ordem dos corpos ou da matéria, a ordem do espírito ou da inteligência e a ordem da santidade. A seu ver, uma distância infinita, qualitativa, separa a ordem da inteligência da ordem da matéria, ou seja, o cientista ou o artista, da pessoa rica, bela e forte; mas uma distância "infinitamente mais infinita" separa a ordem da santidade da ordem da inteligência, porque ela está acima da natureza. Os gênios, que pertencem à ordem da inteligência, não precisam das grandezas carnais e materiais; elas não lhes acrescentam nada. (Sócrates não perde nada por, segundo algumas fontes, ser disforme; sua grandeza é de outra ordem.) Assim, os santos, que pertencem à

---

[3] GOSHEN-GOTTSTEIN, A., *Religious Genius...*, op. cit., Part I, n. 3.1. – 3.5.

ordem da caridade, "não necessitam das grandezas carnais e das intelectuais que não lhes acrescentam nem lhes tiram nada. São vistos por Deus e pelos anjos, não pelos corpos nem pelas mentes curiosas: basta-lhes Deus"[4].

Como vemos, nesta visão o gênio representa o segundo nível de grandeza, inferior ao da santidade. Atribui-se ao músico Gounod a afirmação de que "uma gota de santidade vale mais que um oceano de gênio". Explica-se essa avaliação com o fato de que Pascal considera o gênio como ele se expressa no âmbito do pensamento humano, da filosofia, da ciência e da arte; em sua época, a categoria de gênio religioso ainda não existia, ou não era utilizada. O gênio religioso, quando é acompanhado por perfeição moral, pode ser visto como uma forma especial de santidade; trata-se de um tipo de santidade "genial", ou seja, que tem algumas características próprias do gênio: a novidade, a originalidade, a irradiação, a universalidade.

Creio que duas observações são suficientes para ilustrar a diferença entre santo e gênio religioso. O santo pode viver e morrer sem deixar vestígios de si na história, e a maioria de santos de fato pertence a essa categoria; o gênio religioso não. A santidade não é compatível com defeitos morais sérios e persistentes mesmo depois da conversão; não podemos dizer o mesmo do gênio religioso, e a história nos fornece provas bem conhecidas disso, sem necessidade de citar nomes. Na prática da Igreja católica, a falta ou a lacuna de uma única virtude cardeal (prudência, fortaleza, justiça e temperança) excluem automaticamente uma pessoa de ser candidata à canonização. Em outras palavras, nem todo santo é um gênio religioso e nem todo gênio religioso é um santo.

Um segundo título que poderia parecer sinônimo de gênio religioso é "doutor", que a Igreja católica atribuiu a alguns santos que se distinguiram no âmbito da doutrina, como Santo Agostinho e Santo Tomás de Aquino, ou que exerceram um magistério e uma influência espiritual de amplo alcance, como Santa Catarina de Sena, Santa Te-

---

[4] PASCAL, B., *Pensamentos*, 793.

resa d'Ávila, Santa Teresa de Lisieux. As duas categorias têm diversos traços em comum, mas não se identificam, embora com muita frequência estejam reunidas na mesma pessoa. O que distingue o gênio religioso do doutor da Igreja é sua universalidade, ou seja, a capacidade de falar mesmo fora do círculo que professa determinado credo religioso. Francisco de Assis foi um gênio religioso, mas não um doutor da Igreja. Ele mesmo se considerava, e de fato era, um homem "simples e iletrado"[5].

A mesma falta de universalidade diferencia o gênio religioso do mártir. O mártir morre para continuar fiel à própria crença religiosa, diferente da de outras religiões, e não poucas vezes é morto precisamente pelos pertencentes a outras religiões. Ele poderá ser admirado fora da própria religião, mas dificilmente será tomado como modelo.

O Francisco dos cristãos

Passemos, portanto, a considerar, em primeiro lugar, o Francisco dos cristãos. Um pensamento de Søren Kierkegaard ajuda a compreender o que Francisco era a seu ver e o que representa hoje aos olhos de um cristão e em especial de um católico. O filósofo escreve:

> O mesmo Deus que criou o homem e a mulher também formou o herói e o poeta ou o orador. Este não pode fazer o que faz aquele; ele pode apenas admirar, amar, alegrar-se com o herói. No entanto, ele não é menos feliz que aquele. De fato, o herói é sua melhor essência, aquele de quem se enamorou, feliz por não ser herói. Assim, o seu amor pode se manifestar pela admiração. Ele é o gênio da recordação que não pode fazer nada sem lembrar o que foi feito, nada fazer sem admirar o que foi feito, nada toma do que é seu, mas é cioso do que lhe foi confiado. Ele segue a escolha do seu coração, mas, quando encontrou o que procura, então vai de porta em porta com seus cantos e seus discursos, proclamando que todos devem admirar o herói, como ele faz, ter orgulho do herói, como

---

[5] Francisco de Assis, *Testamento*, Assisi, Fonti Francescane, 1986 [em seguida abreviado como FF]; *Lettera a tutto l'Ordine* (FF 226).

ele se orgulha. Essa é a sua tarefa, sua humilde ação, este é o seu fiel serviço na casa do herói[6].

O herói de que se fala nesse texto é Abraão, e o poeta é ele mesmo, Kierkegaard. No entanto, a imagem é ainda mais verdadeira se aplicada à relação entre Francisco e Cristo. Francisco foi realmente o gênio da admiração e da imitação de Cristo. Ele encontrou nesse fato a razão da sua vida e a fonte da sua "perfeita alegria". O historiador da cultura Jaroslav Pelikan escreveu:

> Se se fizesse uma pesquisa de opinião para perguntar a um grupo de pessoas sérias e qualificadas: "Qual figura histórica, nos dois mil anos passados, personificou mais plenamente a vida e o ensinamento de Jesus Cristo?", a resposta mais frequente certamente seria Francisco de Assis. Esta resposta seria, entre outras coisas, ainda mais frequente se as pessoas interrogadas não fossem filiadas a nenhuma igreja[7].

É famosa a definição de Francisco de Assis como "*alter Christus*", um outro Cristo. A expressão nunca foi entendida no cristianismo no sentido de um "segundo" Cristo, mas no sentido de uma perfeita imitação de Cristo. As palavras de Jesus: "Nenhum discípulo está acima do mestre" (Mt 10,24) certamente não se aplicam a todos os casos (Rafael, Michelangelo, Leonardo da Vinci e tantos outros superaram seus mestres); no entanto, certamente se aplicam à relação entre Cristo e seus discípulos.

Tudo isso encontra uma confirmação naquilo que sabemos sobre Francisco, tanto por seus escritos como pelos escritos de seus primeiros biógrafos. Toda a sua vida é a aplicação da intuição recebida no momento de sua conversão e colocada no início da regra de sua ordem: "Viver de acordo com a forma do santo Evangelho". Os estigmas que no fim da vida, no monte Alverne, apareceram impressos na carne

---

[6] KIERKEGAARD, S., Timore e tremore, in: *Opere*, org. C. Fabro, Firenze, 1972, 45.
[7] PELIKAN, J., *Jesus through the Centuries. His Place in the History of Culture*, New York, Harper & Row, 1987, 133.

de Francisco sempre foram vistos como um selo que autenticava sua perfeita conformidade a Cristo.

Se se prescinde de Cristo, retira-se o sentido da figura de Francisco. Em certo sentido, tudo nele se torna falso. Seria impossível considerá-lo um gênio religioso, a partir do momento em que toda a sua vida estaria fundamentada num equívoco, na crença de ser o que não se é. A sinceridade da intenção não seria suficiente para resgatar a não verdade de sua vida. Francisco de Assis não seria uma figura muito diferente da de Dom Quixote.

Francisco de Assis é um caso exemplar de gênio religioso que se expressa pela imitação de um modelo; em outras palavras, de uma originalidade que se manifesta *sub contraria specie*, por seu contrário, que é a imitação. Mas não é o único caso. A esse respeito, não posso deixar de citar por extenso aquilo que Alon Goshen-Gottstein, em seu estudo programático já lembrado, escreve sobre "a lógica da imitação":

> Em algumas tradições, a imitação desempenha um papel crucial, em outras ela é menos dominante. No entanto, devemos nos perguntar se a própria lógica da imitação não é um traço fundamental de uma vida religiosa mais elevada. O gênio religioso não apenas está em contato com uma visão mais elevada da vida, mas também procura encarná-la e traduzi-la em prática na vida ou, em outras palavras, tornar a vida atual conforme ou em harmonia com tal realidade superior. [...] Aqui se manifesta o ápice do gênio: intuir outra ordem da realidade, tentar fundá-la, lançando-se a si mesmo e ao mundo num movimento que tende a formar um todo harmonioso com a realidade superior vislumbrada [...]. O cristianismo oferece alguns dos exemplos mais claros da lógica da imitação. A imitação de Cristo, ou de Maria, plasma e dá forma à consciência de tal realidade superior[8].

Em Francisco, vemos realizada outra característica do gênio religioso, também ela egregiamente ilustrada na continuação do texto citado: a de se tornar ele mesmo objeto de imitação ou de emulação. A prova disso, em nosso caso, é a inumerável fileira de "santos francis-

---

[8] GOSHEN-GOTTSTEIN, A., *Religious Genius...*, op. cit., n. 4.1.6.

canos", ou seja, de pessoas que se tornaram santas tomando Francisco de Assis como modelo.

O Francisco de todos

Como eu disse, quero agora dedicar mais atenção ao Francisco "homem universal". Na entrada da cidade de Assis há uma placa de sinalização que diz: "Assis, patrimônio da humanidade". O título foi atribuído à cidade pela Unesco também pelos tesouros artísticos que ali se encontram, mas sobretudo em virtude de seu cidadão Francisco, que, há oito séculos, iniciou e concluiu nela a sua história humana. Na *Divina Comédia*, Dante Alighieri sugere não denominar esse lugar como "Ascesi", ou seja, Assis, mas "Oriente", uma vez que nela "um sol nasceu no mundo"[9]. É surpreendente como, poucas décadas depois de sua morte, a figura do Pobrezinho já tivesse assumido uma dimensão tão universal. Que impressão deve ter causado a sua passagem para ser comparada à do sol!

Com Francisco temos a enorme vantagem de partir não de uma "presunção" de universalidade, mas de um dado de fato. Ele é um homem universal. É famosa a pergunta que certo dia um dos primeiros companheiros fez a Francisco à queima-roupa:

> "Por que a ti? Por que a ti? Por que a ti?" São Francisco respondeu: "Que queres dizer?". Disse frei Masseo: "Por que todo o mundo anda atrás de ti, e todas as pessoas parecem desejar ver-te e ouvir-te e obedecer-te? Não és um homem belo de corpo, não tens grande ciência, não és nobre: então, de onde vem que todo o mundo anda atrás de ti?"[10].

A pergunta se torna hoje ainda mais premente que na época de frei Masseo. Naquele tempo o mundo que ia atrás de Francisco era o mundo bastante restrito da Úmbria e da Itália central; agora ele é literalmente todo o mundo, muitas vezes também o mundo não crente ou dos que seguem outras religiões.

---

[9] Dante Alighieri, *Paraíso*, XI, A52-54.
[10] *Os Fioretti de São Francisco* [doravante: *Fioretti*], X (FF 1838).

A comprovação mais clara dessa universalidade de Francisco é o fato de Assis ter se tornado o ponto de encontro entre as religiões. Por quatro vezes – com João Paulo II em 1986 e novamente em 2002, com Bento XVI em 2011, com o papa Francisco em 2016 –, a cidade viu reunidos os representantes da maioria das religiões do mundo para promover a cultura do diálogo e da paz. Assis apareceu como uma espécie de terreno neutro de encontro, como se ali, de algum modo, todos se sentissem em casa, não ameaçados em sua identidade e alteridade religiosa. Fala-se agora do "espírito de Assis" para indicar a nova atitude das religiões entre si e diante do mundo.

O fascínio exercido por Francisco em vida e depois da morte é algo inato ou adquirido? Na linguagem cristã, é natureza ou é graça? A resposta que ele deu a frei Masseo, na ocasião acima recordada, diz qual era a convicção do interessado a esse respeito:

"Queres saber por que todo o mundo anda atrás de mim? Isto recebi dos olhos de Deus altíssimo [...], porque aqueles olhos santíssimos não encontraram entre os pecadores nenhum mais vil nem mais insuficiente nem maior pecador do que eu [...] para que se reconheça que toda a virtude e todo o bem é dele e não da criatura".

A convicção de Francisco é a mesma de São Paulo: "pela graça de Deus sou o que sou" (1Cor 15,10). Isso pareceria impedir desde logo que se possa falar dele como um gênio religioso. A palavra "gênio" (do latim *gignere*, gerar) indica algo "congênito", inato, ainda que naturalmente precise ser cultivado.

Um famoso axioma da teologia escolástica nos permite superar essa aparente contradição: *"gratia supponit naturam"*, a graça supõe a natureza, constrói sobre a natureza, não fora dela ou contra ela. Temos aqui o problema, ou melhor, o mistério, da relação entre graça divina e liberdade humana. O que existe, nos perguntamos, na natureza, ou seja, no caráter e na personalidade humana de Francisco, que permitiu à graça produzir nele os frutos que produziu? Qual é a parte do "gênio" (no sentido etimológico do termo) na sua santidade?

Parece-me que podemos resumir todas as explicações em três grandes "conquistas". A inata disposição de Francisco à radicalidade e sua forte vontade permitiram que a graça de Deus realizasse nele a perfeição em três âmbitos fundamentais: o do amor, o da humildade e o da liberdade. Trata-se de "conquistas", portanto de metas que ele alcançou progressivamente no decorrer de toda a sua vida. No entanto, para o objetivo deste estudo, o que interessa não é tanto o desenvolvimento histórico e sim o ponto de chegada.

Francisco e o amor

Friedrich Nietzsche tornou popular a distinção, no âmbito da cultura grega, entre espírito apolíneo e espírito dionisíaco. O primeiro, ligado ao deus solar Apolo, representa para ele os valores da harmonia e do equilíbrio, em suma, o aspecto luminoso do ser; o segundo, ligado a Dioniso, deus da ebriedade e do excesso, representa o entusiasmo e o impulso vital, em suma, a profundidade do ser[11].

Essa caracterização, com as devidas distinções, pode servir para diferenciar, no âmbito religioso, dois tipos de mística, ambos presentes no cristianismo e em outras religiões: uma toda flamejante e incandescente de sentimento, a outra mais especulativa e metafísica, que expõe a experiência mística num estilo calmo e sensato. Usando uma terminologia mais bíblica, Dante Alighieri fala de uma espiritualidade "seráfica" e de uma espiritualidade "querúbica". Assim, em seu poema, ele caracteriza São Francisco em relação ao seu contemporâneo São Domingos de Gusmão:

Um foi todo seráfico em ardor
o outro, por sabedoria na terra, foi
de querúbica luz um esplendor[12].

---

[11] Nietzsche, F., *La nascita della tragedia greca*, Milano, Adelphi, 1977 [trad. bras. *O nascimento da tragédia ou Helenismo e pessimismo*, trad., notas e posfácio de J. Guinsburg, São Paulo, Companhia das Letras, 1992].

[12] *Paraíso*, XI, 37-39. [Original: "L'un fu tutto serafico in ardore/ l'altro per sapienza in terra fue/ di cherubica luce uno splendore", N. da T.]

Em três versos estão sintetizados dois tipos de espiritualidade presentes em toda a história do cristianismo. De um lado, o fogo do amor simbolizado na Bíblia pelos serafins; de outro, a luz do conhecimento simbolizado pelos querubins. O título de "Seráfico", atribuído a Francisco pela tradição, confirma a interpretação de Dante. A distinção também se aplica – e talvez com mais propriedade – a dois teólogos mais representativos das respectivas ordens: São Boaventura para os franciscanos e Santo Tomás de Aquino para os dominicanos. A plenitude, deve-se dizer desde logo, não está numa ou na outra parte, mas na síntese entre luz e calor, entre conhecimento e amor. "Deus é luz" e "Deus é amor" são duas definições do Deus cristão dadas pelo mesmo autor, no mesmo escrito (cf. 1Jo 1,5; 4,8).

William James vê na "expansão da consciência da realidade" a nota característica do gênio religioso[13]. Deslocando o acento da consciência para o sentimento, Romain Rolland vê "a fonte e a origem" da religião "na sensação de eternidade, no sentimento de algo ilimitado e, por assim dizer, oceânico"[14]. No cristianismo, a ampliação da consciência é inseparável da ampliação do amor. O amor é a forma de inteligência mais elevada porque consegue ver cada coisa em sua ligação com o resto. Ele permite ver cada detalhe na sua verdade, ligando o particular ao todo. "Intelecto de amor" é a expressão cunhada por Dante Alighieri para esse tipo de conhecimento[15].

Francisco rompeu a casca do ovo dentro do qual a maioria dos homens passa a vida inteira, como se fosse o vasto universo, e se voltou para o mundo inteiro que o cercava, abraçando-o com um olhar de ternura e dialogando com ele. Olha para o mundo com os olhos de uma criança. As crianças falam com tudo o que encontram, conseguem estabelecer um diálogo com as árvores, com os animais, com a neve, com o sol. Assim é Francisco ao final da sua ascensão espiritual. Tenho certeza de que na origem do *fioretto* de seu sermão aos pássaros

---

[13] Cf. GOSHEN-GOTTSTEIN, A., *Religious Genius...*, op. cit., Part II, n. 8.1.
[14] ROLLAND, R., Lettre à Sigmund Freud, 5 décembre 1927, in: ID., *Un beau visage à tous sens. Choix de letres de Romain Rolland (1866-1944)*, Paris, Albin Michel, 1967, 264-266.
[15] DANTE ALIGHIERI, *Vita Nuova*, XIX.

imortalizado no afresco de Giotto está um episódio realmente ocorrido, mesmo que depois tenha sido ampliado e embelezado pela lenda. A súplica para conter o seu ardor que ele dirigiu a frei Fogo antes de se submeter ao cruel remédio da cauterização nos olhos certamente é histórica[16]. Coisas assim, novas e fora dos padrões da hagiografia tradicional, não nascem do nada, no papel.

Um detalhe mostra bem como esse sentimento de fraternidade universal configura toda a vida e a ação de Francisco. Ele não se lança contra ninguém, não critica ninguém. Numa época em que a Igreja institucional combatia os hereges, e os hereges enfrentavam a Igreja institucional, os cristãos atacavam os sarracenos, e os sarracenos se voltavam contra os cristãos, ele não combateu contra ninguém. Colocou em prática, sem conhecê-la, a máxima de Dionísio Areopagita no século VI, segundo a qual "não se devem refutar as opiniões dos outros, nem se deve escrever contra uma opinião ou uma religião que não parece boa. Deve-se escrever apenas a favor da verdade, e não contra os outros"[17].

Algo quase único entre os Padres e os escritores cristãos, não se encontra em seus escritos, e nos inspirados por ele, uma única palavra contra os judeus. Em relação ao islã, eliminando todos os acréscimos e os embelezamentos posteriores, resta o fato do seu encontro com o sultão do Egito al-Kamil em 1219. Seria exagerado atribuir a Francisco a ideia moderna de um diálogo entre as religiões; ele queria ver o sultão para lhe falar de Cristo e convertê-lo[18]; no entanto, era já uma novidade inaudita para aquele tempo que, para fazer isso, se escolhesse o encontro pacífico e o diálogo, e não as armas. Entre os dois se instaurou, segundo a tradição, certa amizade, concretizada na troca recíproca de presentes. (Na basílica do Santo em Assis está guardado um chifre de marfim e prata que Francisco teria recebido do sultão.)

---

[16] Tomás de Celano, *Vida segunda*, CXXV, 166 (FF 752).
[17] *Scolia* a Pseudo-Dionísio Areopagita (PG 4, 536); cf. Pseudo-Dionísio o Areopagita, *Cartas*, VI (PG 3, 1077).
[18] Assim interpreta o episódio Dante Alighieri, *Paraíso*, XI, 101-102: "Na presença soberba do Sultão/ pregou Cristo".

Como se explica esse amor universal de Francisco? Ele não é fruto de uma transferência ou de uma "ilusão"; não é contra a natureza, como – veremos isso em seguida – o considerou Freud, mas é a realização da própria essência da pessoa humana e, portanto, também da sua natureza.

Todos desejamos a unidade. Depois da palavra "felicidade", talvez nenhuma outra corresponda a uma necessidade igualmente premente do coração humano como a palavra "unidade". Nós somos "seres finitos capazes de infinito" (*ens finitum capax infiniti*) e isso significa que somos criaturas limitadas que aspiramos a superar o nosso limite, para ser "de algum modo tudo" (*quodammodo omnia*). Não nos contentamos em ser apenas o que somos. É algo que faz parte da própria estrutura do nosso ser.

Nesta perspectiva, que não é apenas moral, mas metafísica, pode-se reler a afirmação de Sartre: "O inferno são os outros"[19]. Os outros, os diferentes de mim, são aquilo que não sou. E não tanto porque *têm* algo que não tenho, quanto porque *são* algo que não sou. Simplesmente porque existem. Com sua simples existência, recordam-me o meu limite, que eu não sou o todo. Ser um indivíduo particular significa, de fato, ser o que se é e não ser todo o resto, significa ser como um minúsculo istmo de terra firme circundada por todos os lados pelo grande mar do meu não ser. Então os outros são precipícios de não ser que se abrem ameaçadoramente em torno de mim. Daí a dizer que os outros são o meu inferno, numa visão puramente filosófica e ainda por cima ateia, é apenas um passo.

Estabelecer relações de amor é a única maneira possível para preencher aqueles "precipícios" que se abrem ao nosso redor, é lançar pontes para as outras ilhas e chegar à "terra firme", independentemente do nome que se queira dar a essa meta final: Deus, Nirvana, ou outro qualquer. Esta visão está particularmente presente no pensamento russo que chegou a opor ao célebre princípio de Descartes ("*cogito*

---

[19] SARTRE, J.-P., *Huis clos*, sc. 5, Paris, Gallimard, 1947, 93 [trad. bras.: *Entre quatro paredes*, trad. Alcione Araújo e Pedro Hussak, Rio de Janeiro, Civilização Brasileira, 2007 (N. da T.)].

ergo sum", penso, logo existo) o de "*es, ergo sum*", você existe, por isso eu também existo, a sua existência é percebida por mim como minha; através de sua existência sei que também eu existo[20].

No amor, o homem se realiza como *pessoa*, como sujeito capaz de se colocar em relação com os outros. Mas se realiza também como *natureza*. A pessoa não pode ser redutível ao mero sujeito. O homem como pessoa e como autoconsciência é constituído por uma dimensão espiritual, absolutamente pessoal, irrepetível; no entanto, esta última está inseparavelmente unida àquilo que é chamado de natureza humana, que é comum a todos os homens. Desse modo, o amor entre as pessoas é, certamente, uma relação intersubjetiva, mas inclui também uma dimensão objetiva constituída pela natureza.

Isso explica por que o amor de Francisco não se restringe unicamente às pessoas humanas, mas se estende também a toda a criação. O ecologismo de Francisco nasce daqui. Ele não é apenas respeito, mas amor pela criação. Os adjetivos que ele usa no *Cântico do Irmão Sol* para definir as criaturas são como outras carícias que ele distribui passando entre as coisas, quase tocando-as com as mãos. "Messer", isto é, "meu nobre senhor", é o sol; "iluminadas, preciosas e belas" são a lua e as estrelas; "humilde e casta" é a irmã água; "belo, jucundo, robusto e forte" é o irmão fogo.

Uma música, nascida como trilha sonora do filme de Zeffirelli sobre Francisco, *Irmão sol, irmã lua*, exprime de modo simples, mas profundo, a meta alcançada por Francisco nesta sua progressiva expansão de consciência e de amor, até coincidir com os próprios limites da realidade:

> Doce é sentir em meu coração
> humildemente vai nascendo amor.
> Doce é saber: não estou sozinho.
> Sou uma parte de uma imensa vida
> Que generosa

---

[20] Cf. TERRAS, V., *Reading Dostoevsky*, Madison, University Press of Wisconsin, 1998, 84.

Reluz em torno a mim
Imenso dom
Do teu amor sem fim.*

É preciso esclarecer duas coisas para não interpretar mal a qualidade do amor em Francisco. Suas relações com as criaturas não são relações a dois. Entre ele e o leproso, assim como entre ele e o Irmã Sol, Deus está sempre presente. Francisco aceita o amor infinito de Deus e o remete para ele e para as criaturas, como o eco que uma cavidade remete à fonte da voz. No entanto, ele não é um mero canal de transmissão, porque nesta passagem o amor se coloriu da liberdade humana e isso o torna novo e diferente. Em Francisco vemos realizada a definição que Tomás de Aquino dá do amor, como "amor com que Deus nos ama e com o qual nos torna capazes de amá-lo e de amar ao próximo"[21].

A outra coisa a observar é que o amor de Francisco não é "cego", e por isso não é "injusto em relação ao seu objeto", que é a objeção que Freud fez à ideia de amor universal[22]. Em seu universalismo, ele aceita bons e maus, como, nas palavras de Jesus, Deus "faz chover sobre os justos e os injustos" (cf. Mt 5,45); contudo, não aceita do mesmo modo o bem e o mal; apenas distingue o pecado do pecador. Na sua *Regra*, pede aos frades que não julguem os ricos, mas fala com insólita severidade contra a idolatria do dinheiro. O motivo dessa distinção é que a pessoa humana é criada por Deus e conserva a própria dignidade,

---

* "Dolce sentire come nel mio cuore/ ora umilmente sta nascendo amore.../dolce capire che non son più solo,/ ma che son parte di una immensa vita/ che generosa risplende intorno a me.../dono di Lui, del Suo immenso amore!" A música original em italiano é de autoria de Claudio Baglioni; a letra em português, reproduzida aqui, é de autoria desconhecida. (N. da T.)

[21] Tomás de Aquino, *Comentário à Epístola aos Romanos*, cap. V, lição 1, n. 392-393 ("*Amor quo ipse nos diligit et quo ipse nos dilectores sui facit*"); cf. Agostinho, *Comentário à Primeira Epístola de João*, 9, 9.

[22] Freud, S., *Il disagio della civiltà*, IV, Torino, Einaudi, 2010, 45 [ed. bras. *O mal-estar da civilização, novas conferências introdutórias à psicanálise e outros textos (1930-1936)*, trad. Paulo César de Souza, São Paulo, Companhia das Letras, 2010 (Coleção Obras Completas v. 18)].

não obstante todas as depravações que pode cometer; o pecado não é obra sua, mas do "inimigo", como o joio semeado sobre a boa semente (cf. Mt 13,39). A verdadeira injustiça em relação ao amor é realizada quando é abolida a distinção entre bem e mal, e em seu lugar se propõe como ideal ir "além do bem e do mal".

Mencionei a existência de uma interpretação de Freud da natureza do amor de Francisco e convém dedicar a ela um pouco de espaço, também porque a sua avaliação não afeta apenas Francisco de Assis, mas todo potencial candidato ao título de gênio religioso. Aconteceu com Francisco o que aconteceu com outros gênios religiosos ou filósofos, ou seja, às vezes eles foram interpretados não como eles compreenderam a si mesmos, mas como, segundo seus comentadores, eles *devem* ser compreendidos, ou seja, de maneira totalmente diferente. Aconteceu, por exemplo, com Kierkegaard, que fizera da fé a sua razão de vida, e a quem Heidegger e outros acabaram transformando no precursor do ateísmo e do niilismo existencialista.

Em seu ensaio de 1930 intitulado *O mal-estar da civilização*, Freud parte do tema da busca da felicidade como objetivo da vida. Sua tese é que a religião, aliás como a própria civilização, é mais um obstáculo que uma ajuda nessa busca da felicidade, pelas inibições que impõe aos impulsos primários da pessoa. Admite, contudo, que uma pequena minoria pode encontrar na religião uma satisfação do desejo de felicidade, à custa de não poucas concessões, na prática na forma de sublimação. Vale a pena ler a conclusão que ele extrai sobre o amor em Francisco de Assis:

> Apesar disso, uma pequena minoria de pessoas, por sua constituição, tem a possibilidade de encontrar de algum modo a felicidade no caminho do amor, mas para que isso aconteça são indispensáveis amplas modificações psíquicas da função erótica. Essas pessoas se tornam independentes do consenso do objeto atribuindo o máximo valor não a ser amados, mas ao próprio amar, se defendem contra a perda do objeto dirigindo o próprio amor não a objetos isolados, mas a todos os seres humanos em igual medida, e evitando as oscilações e as desilusões do amor genital

desviando-se da meta sexual, transformando a pulsão em modo inibido na meta. A condição que atingem desse modo, aquele seu sentir sempre suspenso, imperturbável, delicado, exteriormente tem bem pouco a ver com o tempestuoso amor genital, do qual não obstante deriva. Talvez São Francisco de Assis tenha sido quem foi mais longe na utilização do amor em vista do sentimento interno de felicidade[23].

Seguindo o exemplo de Francisco de Assis de não falar contra os outros, mas apenas a favor da verdade, abstenho-me de qualquer crítica à opinião de Freud, até porque não teria a competência para fazê-lo. Ao contrário, gostaria de mostrar positivamente qual é a verdadeira relação que se encontra na vida de Francisco entre amor e busca da felicidade. De um candidato ao título de gênio religioso é justo esperar que tenha algo a dizer sobre um sentimento tão universal e tão arraigado no ser humano como é a busca da felicidade. Francisco tem seu próprio caminho para a felicidade, um caminho que não teorizou, mas mostrou com toda a sua vida, e é dela que eu gostaria de falar.

É uma experiência humana universal, expressa na arte e na literatura, que nesta vida prazer e sofrimento se seguem com a mesma regularidade com que, ao se levantar uma onda no mar, se segue um abaixamento e um vazio que puxa o náufrago para trás. "Um não sei quê de amargo" – assim diz o poeta pagão Lucrécio – "surge do próprio interior do prazer e nos angustia bem no meio das nossas delícias."[24] O uso da droga, o abuso do sexo, a violência homicida no momento dão a ebriedade do prazer, mas conduzem à dissolução moral e muitas vezes também física da pessoa. *Eros* e *thanatos* (para usar termos caros a Freud), *amor* e *morte*, são como dois irmãos siameses. Quem está satisfeito logo experimenta o tédio provocado pelos objetos da sua satisfação. A satisfação dos desejos é uma insatisfação camuflada, se não é dirigida por uma finalidade mais profunda que apenas um "amor oblativo" pode dar.

---

[23] FREUD, S., *Il disagio della civiltà*, op. cit., 44-45.
[24] LUCRÉCIO, *De rerum natura*, IV, 1133s (*"medio de fonte leporum surgi tamari aliquid, quod in ipsis floribus angat"*).

Quando jovem, Francisco percorreu esse caminho para a felicidade que passa pela satisfação dos "instintos primários", sobretudo o do *eros* e da glória, mas não demorou a se sentir profundamente insatisfeito com isso. Isso explica o período de profunda melancolia que as fontes deixam vislumbrar, na vida de Francisco, entre o sonho de Spoleto[25] e a escolha definitiva do novo caminho. A resolução da sua crise existencial acontece no momento do encontro com o leproso. Ali, num instante, Francisco teve de decidir se buscaria a alegria satisfazendo ao seu instinto ou superando-o. As palavras com que inicia o seu *Testamento* indicam o verdadeiro motivo da sua mudança de vida:

> O Senhor concedeu a mim, irmão Francisco, iniciar assim a fazer penitência, pois, como estivesse em pecado, parecia-me realmente insuportável olhar para os leprosos; e o próprio Senhor me conduziu entre eles e tive misericórdia com eles. E, afastando-me deles, o que me parecia amargo se converteu para mim em doçura da alma e do corpo.

O poeta pagão Lucrécio fala de um doce que se converte em amargo nos prazeres humanos; Francisco fala de um amargo que se converteu em doce depois de sua vitória sobre si mesmo. Estamos na presença de um novo tipo de prazer, o prazer que não precede a dor, como sua causa, mas vem depois dele, como seu fruto. A relação entre *eros* e *thanatos* é invertida: não é a morte que tem a última palavra, mas o *eros*, a felicidade do amor.

Francisco não inventou esta revolução na busca da felicidade. Ele a extraiu do Evangelho de Cristo. O mistério pascal de morte e ressurreição, da glória que brota da cruz, é seu fundamento. Em formas distintas, porém, este caminho é proposto também por outras religiões, como o budismo, por exemplo, que propõe o alcance do Nirvana através da extinção, não da satisfação, dos desejos.

Aceitar o sacrifício para ter a alegria não significa ser masoquistas e impor-se sabe-se lá quais mortificações e renúncias. A alguns

---

[25] Tomás de Celano, *Vida primeira*, II, 5 (FF 326ss).

pode-se pedir também isso; mas normalmente trata-se das renúncias necessárias para cumprir o próprio dever e permanecer fiéis ao próprio estado de vida. Não é renúncia a todos os prazeres da vida, mas apenas àqueles "egoístas" que reduzem os outros – pessoas ou coisas – a objeto do próprio desejo.

Toda a vida de Francisco é a confirmação de que não se trata de uma revolução ilusória, que acontece na mente, mas não na vida real. Provavelmente ninguém se regozijou com as coisas boas do mundo tanto quanto ele, que não quis possuir nenhuma delas. Ele se torna o santo da "perfeita alegria", não tolera que seus frades sejam tristes. Às vezes não consegue conter o ímpeto da alegria que tem no coração e canta, ou então, com dois pedaços de madeira, improvisa um violino. É uma meta alcançada por poucos – nesse ponto Freud tem razão –, mas está aberta para todos. Desejar segui-la é uma das razões pelas quais existem os santos e os gênios religiosos. E para a qual, se me posso permitir dizer, deveriam contribuir também os psicólogos.

Temos hoje diante de nós uma comprovação evidente de que a felicidade não pode brotar da possibilidade de satisfazer aos instintos primários. Depois de Freud, a "civilização" deixou de servir de freio à satisfação do instinto sexual; ao contrário, transformou-se num poderoso incentivo em favor dela. Entretanto, podemos dizer que a humanidade nascida da chamada "revolução sexual" é mais feliz que a de antigamente?

Antes de concluir a exposição sobre Francisco e o amor, devemos considerar um detalhe. Que papel teve nele o amor e a amizade com Clara, ou seja, sua relação de homem com uma mulher? Podemos admitir, ao menos no início, a presença de um elemento erótico na relação entre Francisco e Clara, como é natural entre um homem e uma mulher, desde que entendamos a palavra *eros* não no sentido "vulgar", de sensual, mas no sentido "nobre", em que exprime a alegria, a admiração e a atração na presença do diferente e do belo. Os Padres da Igreja descobriram esse significado diferente de *eros* lendo Platão e desde então não hesitaram em fazer o elogio do *eros* a ponto de escrever que "Deus é *eros*"[26].

---

[26] Cf. LAMPE, G. W. H., *A Patristic Greek Lexicon*, Oxford, 1961, 550.

A relação com Clara e, em menor medida, com outras mulheres, como a famosa Jacoba dos Sete Sóis, ajudou Francisco a superar os tabus em relação ao outro sexo e a purificar o seu *eros* juvenil. O amor erótico teve na vida de Francisco a tarefa que tem o propulsor de um satélite espacial: ele serve para colocar a nave em órbita; uma vez realizada essa tarefa, o propulsor cai de volta na terra, não há mais necessidade dele. Isso não significa que Francisco não podia mais ter tentações da carne, mas agora elas são serviam para fortalecer e dar uma qualidade eminentemente humana ao seu amor por todas as criaturas. O *eros* como o entende Freud não era a fonte do seu amor universal, mas uma qualidade dele. A fonte última, para ele como para Paulo, é "o amor de Deus em Cristo Jesus" (Rm 8,39).

Quem melhor compreendeu a natureza da relação entre Francisco e Clara foi o iniciador dos estudos históricos sobre Francisco, o pastor calvinista Paul Sabatier, discípulo de Ernest Renan. Ele assim se expressa a esse respeito:

> Aqui, mais que nunca, é preciso renunciar aos juízos do homem comum, que não é capaz de compreender um tipo de comunhão entre homem e mulher em que não esteja presente o instinto sexual [...]. Existem almas tão pouco terrenas e tão puras que de repente entram no santo dos santos e, uma vez ali, o pensamento de outra união não seria apenas uma queda, mas algo impossível. Assim foi o amor de São Francisco e Santa Clara. No entanto, trata-se de exceções, e a pureza deles tem algo de misterioso; é tão grande que, propondo-a aos homens, corre-se o risco de falar com eles numa língua incompreensível, ou até pior[27].

No diálogo em torno do gênio religioso, como, em geral, no confronto entre ciência e fé, muitas vezes se encontra uma crítica dirigida aos crentes por parte de médicos e psicólogos: a de não levarem em conta o parecer da ciência, em seus juízos sobre os fenômenos ligados

---

[27] SABATIER, P., *Vita di san Francesco*, Milano, Mondadori, 1978, 163s [trad. bras. *Vida de São Francisco*, trad. e comentários organizados por Frei José Carlos Corrêa Pedroso, Piracicaba, Centro Franciscano de Espiritualidade, 2011].

à santidade e à mística. Isso certamente foi verdadeiro, sobretudo no passado, quando, além de tudo, não se conheciam os resultados dessa ciência; no entanto, convém lembrar que existe também um perigo oposto. Muitas críticas da ciência em relação à religião baseiam-se no fato de que o crente não pode ser objetivo, porque sua fé lhe impõe desde o início a conclusão a ser obtida. Em outras palavras, atua como pré-compreensão e como pré-conceito. Parece-me que, em toda essa discussão, não se leva em conta que o mesmo preconceito atua, em sentido oposto, também no cientista não crente. Se ele parte do pressuposto indiscutível de que não existe Deus, não existe o sobrenatural e o espiritual, e, portanto, não existe o milagre, sua conclusão também só poderá ser uma, e já dada desde o início. Freud podia dar uma explicação diferente do amor universal de Francisco e dos fenômenos espirituais em geral?

Francisco de Assis, gênio humilde

De acordo com Dante Alighieri, toda a glória de Francisco surgiu do seu "fazer-se mínimo"[28], ou seja, de sua humildade. Com isso apontou um dos requisitos indispensáveis para que se possa falar de gênio religioso, como bem esclarece Goshen-Gottstein na sua tentativa de delinear os traços que o caracterizam.

No último encontro entre as religiões realizado em Assis de 18 a 20 de setembro de 2016, David Brodman, um rabino de Tel-Aviv sobrevivente da Shoá, deu um testemunho que é, ele mesmo, um exemplo de como os heróis de uma religião podem ser reconhecidos e tomados como modelo de integrantes de outras crenças:

> Maimônides, nosso filósofo, diz que a maior virtude é a humildade, e a humildade é sinal de santidade. Vi no papa Francisco um claro exemplo de humildade e santidade para o nosso tempo, assim como São Francisco foi um grande exemplo para seu tempo.

[28] *Paraíso*, XI, 111.

Vemos o quão profundo era o grau de humildade a que Francisco tendia numa das *Admoestações* que chegaram até nós: "Bem-aventurado o servo que não se envaidece com o bem que o Senhor diz e opera por meio dele mais do que com o bem que o Senhor diz e opera por meio de outrem"[29]. Conhecendo a sua firme decisão de não pedir aos outros algo que ele mesmo não tivesse posto em prática, podemos considerar que no fim da vida ele havia alcançado essa meta tão elevada.

No presente contexto, contudo, considero útil não insistir tanto nos significados ascéticos e místicos que costumamos associar à "virtude da humildade", quanto no sentido mais geral de objetividade e autenticidade. Francisco venceu a difícil batalha entre parecer e ser. O homem – escreveu Pascal – tem duas vidas: uma é a vida verdadeira, a outra a vida imaginária que vive na sua opinião ou na das outras pessoas. Nós trabalhamos sem cessar para embelezar e conservar o nosso ser imaginário e negligenciamos o verdadeiro. Se temos alguma virtude ou mérito, apressamo-nos em torná-los conhecidos, de uma maneira ou de outra, para enriquecer nosso ser imaginário com tal virtude ou mérito, dispostos até a prescindir de nós, para acrescentar algo a tal ser, até concordar, às vezes, em ser covardes, desde que pareçamos corajosos e a até dar a vida, desde que as pessoas falem disso[30].

Francisco tinha horror à hipocrisia, mais que a qualquer outra coisa. A esse respeito lemos episódios que trazem a marca inconfundível do seu estilo para não ter realmente ocorrido. Uma vez que, por causa de sua doença, durante a Quaresma, seus frades tinham temperado os alimentos com toucinho, quis que todos soubessem para que não parecesse externamente mais austero do que era na verdade; pelo mesmo motivo, se, em virtude do frio, revestiam internamente sua túnica com couro, queria que o colocassem também na parte de fora[31]. "O homem" – costuma dizer – "é o que é diante de Deus, é aquilo e nada mais."[32]

---

[29] *Admoestações* [doravante: *Adm.*], XVII (FF 166).
[30] Cf. PASCAL, B., *Pensamentos*, 147 (ed. Brunschvicg).
[31] TOMÁS DE CELANO, *Vida segunda*, XCIV-XCV, 131-132 (FF 715-716).
[32] *Adm.*, XIX (FF 169); cf. também BOAVENTURA, *Legenda maior* [doravante: *Leg. maior*], VI, 1 (FF 1103).

Só quando toma Deus como medida e vive sob o seu olhar, a pessoa humana se conhece na verdade. Enquanto se olha com relação a si mesma, aos outros, à sociedade, não se conhece verdadeiramente: falta-lhe a medida. Francisco, depois de sua conversão, viveu constante e alegremente sob essa medida absoluta. Um *fioretto* (de cuja historicidade fundamental não temos motivos para duvidar) o apresenta passando horas inteiras de noite na floresta fazendo-se duas perguntas, alternando o rosto entre iluminado e obscurecido: "Quem és tu, ó dulcíssimo Deus meu? Quem sou eu, verme vilíssimo e inútil servo teu?"[33].

O que Søren Kierkegaard define como "a infinita diferença qualitativa" entre o Criador e as criaturas[34] é uma consciência que marca toda a vida e a oração de Francisco. Seu sentimento humilde e jubiloso da grandeza ilimitada de Deus e da nulidade do homem é testemunhado admiravelmente pelas palavras iniciais do seu *Cântico do Irmão Sol*:

> Altíssimo, onipotente, bom Senhor,
> teus são o louvor, a glória, a honra e toda a bênção.
> Só a ti, Altíssimo, são devidos;
> e homem algum é digno de te mencionar.[*]

Nestas últimas palavras se percebe o eco do preceito bíblico de não invocar o nome de Deus em vão (Ex 20,7) e do costume judaico segundo o qual o homem deve abster-se até de pronunciar o nome de Deus. Se a essência da religião, como pensava Friedrich Schleiermacher, consiste no radical "sentimento de dependência" de Deus (*Abhängigkeitsgefühl*), em Francisco vemos realizado também esse importante componente do gênio religioso.

O pensamento filosófico chegou a propor uma forma de humildade ainda que, ao contrário da religiosa, não como virtude, mas como

---

[33] *Considerações dos Sagrados Estigmas*, III (FF 1916).
[34] Cf. KIERKEGAARD, S., *Diário*, VIII A, 414 (20 de novembro de 1847), ed. italiana organizada por C. Fabro, Brescia, Morcelliana, 1962, 616.
[*] O texto original é em italiano antigo: "Altissimu, onnipotente, bon Signore,/ tue so' le laude, la gloria e l'honore et onne benedictione./ Ad te solo, Altissimu, se konfane, / et nullo homo ène dignu Te mentovare" (N. da T.).

necessidade. Qual é – se pergunta Heidegger – aquele "núcleo sólido, certo e intransponível", ao qual a consciência chama o homem e no qual deve basear-se sua existência, se quer ser "autêntica"? E a resposta foi: o seu nada! Todas as possibilidades humanas são, na realidade, impossibilidades. Toda tentativa de se projetar e se elevar é um salto que parte do nada e termina no nada[35]. Existência autêntica é, assim, a que compreende a radical nulidade da existência e que sabe "viver para a morte".

Também Francisco chegou a se considerar um "nada". A diferença é que, com todos os grandes crentes (ao menos os crentes num Deus pessoal), ele se sente um nada desejado e amado por aquele que é o Tudo. O que emerge de positivo da comparação é a confirmação do fato de que a humildade é verdade e que não somos "autênticos" se não somos humildes, ou seja, conscientes do próprio nada criatural. "Um dia eu me perguntava" – escreve Santa Teresa d'Ávila – "por qual motivo o Senhor ama tanto a humildade e me vem em mente de repente, sem nenhuma reflexão de minha parte, que deve ser porque ele é a suprema Verdade e a humildade é verdade"[36].

Essa humildade-verdade é uma atitude positiva, não negativa, impele à magnanimidade, não à pusilanimidade, não é "o câncer da humanidade", mas o remédio para seu verdadeiro tumor, que é o orgulho. Jesus não proíbe que se queira "sobressair"; apenas mudou a maneira de fazê-lo: não se elevando acima dos outros para fazer deles o pedestal da própria grandeza, mas tornando-se o servo dos outros: "Se alguém quer ser o primeiro, seja o último de todos e o servidor de todos" (Mc 9,35).

Nem sempre é fácil avaliar o quanto ama e a quem ama um suposto gênio religioso, mas é mais fácil avaliar se é humilde ou não, se no centro do universo coloca a si mesmo ou Deus, se busca a própria glória ou o bem do próximo. A ostentação de virtudes ou de poderes particulares, como fins em si mesmos, feitos apenas para impressionar

---

[35] HEIDEGGER, M., *Essere e tempo*, II, c. 2, par. 58, Milano, Longanesi, 1976, 346 [trad. bras.: *Ser e tempo*, trad. Marcia Sá Cavalcante Schuback, Petrópolis, Vozes, 2002 (N. da T.)].
[36] TERESA D'ÁVILA, *Castelo interior*, VI mor., cap. 10.

as pessoas, deveria ser suficiente, por si só, para apagar um nome da lista dos possíveis candidatos ao título de gênio religioso.

Francisco, homem livre

Falo por último da terceira grande conquista de Francisco, a liberdade, porque considero que esta em grande parte é o fruto das duas precedentes, o amor e a humildade. A humildade libertou Francisco do medo de desagradar aos homens. É algo que se entende comumente por liberdade. Não é liberdade dos outros, mas liberdade para os outros. É sobretudo liberdade de si mesmo. "Come da árvore do bem e do mal" (Gn 2,17) – escreve Francisco numa de suas *Admoestações* – "quem se apropria da sua vontade"[37]; eis por que a reconquista da liberdade passa agora pela expropriação da própria vontade. "Para se tornar livre" – dizia um santo monge ortodoxo –, "é preciso antes de tudo 'prender' a si mesmo."[38] Francisco o fez e se tornou um homem verdadeiramente livre.

Essa liberdade interior é o que explica a capacidade de inovação, que é um dos traços mais comuns do gênio religioso. Ela aparece sobretudo na maneira como Francisco se põe diante do Evangelho, rompendo velhos hábitos e modos de pensar. Com ele é como se o calcário que vinha se formando nos "canais" da tradição cristã, tornando-os cada vez mais estreitos, se dissolvesse de repente e a água do Evangelho voltasse a jorrar. Até que ponto os contemporâneos ficaram impressionados com a novidade de Francisco pode ser avaliado pelo fato de que muitos, incluindo São Boaventura, viram realizada nele a profecia de Joaquim de Fiore sobre "o anjo que sobe o lado do sol nascente" (cf. Ap 7,2), que inaugura a nova era do cristianismo, a era dos perfeitos e do Espírito[39].

---

[37] *Adm.*, II (FF 147).
[38] Silvano do Monte Atos, citado em ARQUIMANDRITA SOFRÔNIO, *Silvano del Monte Athos. Vita, dottrina, scritti*, Torino, Gribaudi, 1978, 82.
[39] Cf. BOAVENTURA, *Leg. maior*, Prólogo (FF 1022) e o comentário de ARMSTRONG, R. J., *Lex gratiae, lex sanctitatis*: Homage to a Saint by a Saint, *Collectanea Franciscana*, 83/1-2, 2013, 89-93. Para Joaquim de Fiore, cf. *Liber Concordiae novo ac veteri Testamenti*, f. 56 r., cit. in McGINN, *Visions of the End: Apocalyptic Traditions in the Middle Ages*, New York, 1979, 134s.

É difícil citar fatos particulares, porque cada um de seus gestos e cada uma de suas palavras trazem a marca dessa novidade e desse frescor. Os primeiros biógrafos cunharam para ele a expressão "homem novo"[40]. O próprio nome de "frades menores", dado aos membros de sua ordem, era uma novidade naquele tempo. Novo é o seu modo de conceber a autoridade ("ministros", ou seja, servos, não "superiores"), novo é o modo de conceber as relações entre as pessoas (irmãos, irmãs), nova a sua denúncia do perigo do dinheiro e da riqueza na Igreja, nova e livre a sua atitude diante da prática do jejum. Numa cultura monástica em que a prática do jejum ocupava um lugar central e estava submetida a uma regulamentação muito detalhada, Francisco dá aos frades que vagam pelo mundo a regra evangélica: "comei o que vos for servido" (Lc 10,8)[41]. Uma noite em que um dos frades gritava de fome, Francisco ordenou que se preparasse a mesa e ele mesmo começou a comer, para que o frade não se sentisse humilhado[42].

Quando ele morreu, os contemporâneos tiveram a sensação da passagem de um ciclone, mas um ciclone de paz[43], que deixa o céu claro e transparente, sem danificar as coisas na terra. Até na arte se registra a passagem de Francisco. Um estudioso alemão viu em Francisco de Assis aquele que criou as condições para o nascimento da arte moderna renascentista, na medida em que liberta as pessoas e os eventos sagrados da rigidez estilizada do passado e lhes confere humanidade e vida[44]. O exemplo mais conhecido, neste campo, é o episódio do Natal de Greccio, ao qual se atribui a própria instituição do presépio. O motivo que impeliu Francisco a representar ao vivo o nascimento de Jesus era o desejo de "ver com os olhos do corpo" os sofrimentos em que se encontrara o Filho de Deus[45]. Certamente Francisco foi um inovador no campo linguístico, acelerando com seus versos e com o *Cântico do Irmão Sol* a passagem do latim para o italiano.

---

[40] Tomás de Celano, *Vida primeira*, XXIX, 82 (FF 462).
[41] *Regra bulada*, III (FF 86).
[42] Tomás de Celano, *Vida segunda*, XV, 21 (FF 608).
[43] Id., ibid., XXIII, 52 (FF 638).
[44] Thode, H., *Franz von Assisi und die Anfänge der Kunst der Renaissance in Italien*, Berlin, 1885.
[45] Tomás de Celano, *Vida primeira*, XXX, 84ss (FF 466-471).

A novidade realizada por Francisco revela-se tão mais eficaz e duradoura quanto menos ela é buscada por ele e desejada por si mesma, e sim fruto espontâneo de sua vida e do seu agir. Ele jamais pensou em ser chamado a reformar a cristandade. Precisamos estar atentos para não tirar conclusões equivocadas das famosas palavras do Crucifixo de São Damião: "Vai, Francisco, e restaura a minha Igreja, que, como vês, está em ruínas"[46]. As fontes biográficas nos garantem que ele entendeu aquelas palavras no sentido bastante modesto de reconstruir materialmente a igrejinha de São Damião. Foram os discípulos e os biógrafos que interpretaram – com razão – aquelas palavras como relacionadas à Igreja universal e não apenas à igreja edifício. Francisco, por sua vez, sempre se ateve a sua interpretação literal, como demonstra o fato de ter continuado a reconstruir outras igrejinhas dos arredores de Assis que estavam em ruínas. Também o sonho, em que Inocêncio III teria visto o Pobrezinho sustentar com seu ombro a igreja em queda do Latrão, símbolo de toda a Igreja católica, não diz nada de diferente. Supondo que o fato seja histórico, o sonho foi do papa, não de Francisco! Ele nunca se viu como o vemos hoje no afresco de Giotto na basílica superior de Assis. Isso significa ser reformador por meio da santidade: sê-lo, sem saber! Nisso se vê como a santidade é a coroação do gênio religioso.

Francisco de Assis, visto de longe

Esta primeira, modestíssima e provisória, tentativa de passar da análise conceitual da categoria do gênio religioso à sua aplicação prática à vida de um deles confirmou em mim o interesse que senti desde o primeiro momento pelo projeto do Instituto "Elias". Na base do projeto está a convicção de que o diálogo e a troca amigável entre as religiões não servem apenas para conhecer melhor a fé alheia, mas também para conhecer melhor as potencialidades da própria fé. Foi o que experimentei pessoalmente na tentativa de reler a vida de Francisco de Assis à luz do conceito de gênio religioso. Ela me ajudou a

---

[46] ID., *Vida segunda*, VI, 10 (FF 593).

descobrir aspectos da santidade de Francisco aos quais jamais tinha prestado atenção antes. Cito alguns: a identificação das três "conquistas" de Francisco que apontei – amor, humildade e liberdade – é fruto da discussão sobre o conceito de gênio; a ela devo também a reflexão sobre imitação e originalidade; sobre as potencialidades que a figura de Francisco encerra para o diálogo inter-religioso, sem falar do próprio fato de reconhecer no santo de Assis um caso exemplar de "gênio religioso". O Francisco "visto de longe", no pano de fundo de todo o panorama religioso da humanidade, revela coisas que não se percebem no Francisco "visto de perto".

Essa maneira de considerar a figura de Francisco ajuda, entre outras coisas, a se libertar definitivamente de certas imagens superficiais e distorcidas dele. Penso no Francisco exemplar de uma santidade adocicada e desencarnada, reduzido a imagem de santinho, que em certas épocas tem levado a uma verdadeira rejeição da figura do Pobrezinho. Penso também em interpretações mais recentes, como a de Francisco poeta *dolce stil nuovo* e *hippie ante litteram* de Franco Zeffirelli[47] ou a do Francisco *giullaresco** do prêmio Nobel Dario Fo[48].

Estas e outras transposições modernas da história de Francisco na tela têm um elemento de verdade e às vezes inequívoco valor artístico, mas não podemos reduzir a elas o gênio e a santidade do Santo. Seria difícil continuar a considerá-lo "patrimônio da humanidade".

---

[47] *Irmão sol, irmã lua*, filme de 1972.

* Relativo ao *giullare*, personagem típico do final da Idade Média, especializado na arte de divertir o público com música, cantos, danças, acrobacias e recitação de peças de sua autoria ou de outros. Em geral, exibia-se pelas ruas e praças ou nas proximidades de santuários ou de castelos. (N. da T.)

[48] *Lu santo jullare Franzesco* (1999), reapresentado em nova versão em 2014 (Milano, Giulio Einaudi, 2014), à luz da eleição do primeiro papa com o nome de Francisco. Sobre toda a questão, cf. *Francesco nel '900 europeo: la figura del Santo di Assisi nella letteratura, nell'arte e nella cinematografia*, org. por Pietro Maranesi, Assisi, 2011.

II
FRANCISCO DE ASSIS, O ANJO DO SEXTO SELO*

Logo após a morte de Francisco, surgiram duas interpretações fundamentais de sua vida: a interpretação hagiográfica e a interpretação profética. A primeira considerava nele sobretudo o "santo", o modelo perfeito de toda virtude, que devia ser imitado, sem, contudo, ter a esperança de poder igualá-lo, a obra-prima de Deus; a segunda, por sua vez, a interpretação profética, não se interessava tanto pelo que Francisco fizera de heroico em sua vida, quanto pelo que Deus quisera dizer à Igreja através de Francisco: o Francisco mensageiro de Deus.

Essas duas interpretações não se excluem mutuamente; de fato, trata-se de uma questão de prioridade e de ênfase. Ao longo dos séculos, porém, elas muitas vezes entraram em conflito entre si. Primeiramente, em relação à ordem franciscana. A interpretação hagiográfica que vê em Francisco o *alter Christus*, o homem configurado perfeitamente a Cristo, é a da grande tradição da ordem, a tradição oficial, personificada por São Boaventura; a interpretação profética logo se torna o apanágio dos "espirituais", por exemplo de Ubertino de Casale e de Angelo Clareno, que gostam de ver em Francisco aquele que inaugura a nova era da Igreja, a era espiritual vaticinada por Joaquim de Fiore, "o anjo do sexto selo" (cf. Ap 7,2).

Em seguida, essas duas interpretações voltam a ser propostas em escala mais ampla, no seio de toda a cristandade. De fato, enquanto na

---

* Meditação realizada aos bispos italianos, reunidos em assembleia extraordinária para o VIII Centenário do nascimento de São Francisco, Assis, 11 de março de 1982.

parte católica se insiste na preferência do Francisco "santo único"[1] e do homem "todo católico e apostólico", a historiografia protestante e laica insiste no Francisco profeta que contestou, ainda que silenciosamente, a Igreja institucional de sua época, rica, mundanizada e alheia à simplicidade evangélica.

Na realidade, o Francisco profeta foi profundamente deturpado, tanto na interpretação dos espirituais como na protestante e laica dos nossos dias. E isso porque ele foi encerrado num horizonte polêmico estreito. Francisco parece, sim, um profeta, mas um profeta enviado para os outros: segundo os espirituais, para "os frades da comunidade"; segundo os protestantes e os leigos, para a Igreja institucional; na prática, contra a hierarquia da Igreja católica. Assim, reduziu-se tudo a uma polêmica entre homens. Francisco, um profeta instrumentalizado! Uma vez mais, conseguiu-se escapar das ferroadas, direcionando-as contra os outros. Mas Deus não envia os profetas para que sejam uma arma nas mãos de alguns homens contra outros homens; Deus os envia para que sejam os seus instrumentos, os seus homens; Francisco, de fato, é profeta, mas é profeta para todo homem na Igreja, sem excluir ninguém; ou melhor, para todo crente, até mesmo fora da Igreja.

"Vai, Francisco, e restaura a minha Igreja!"

É precisamente deste Francisco profeta que eu gostaria de lhes falar. O Francisco hagiográfico corre facilmente o risco de cansar ou de desencorajar, por nos parecer tão inatingível e perfeito. E, de fato, na história da espiritualidade não faltaram fenômenos de rejeição desse Francisco. O Francisco profeta, não. Ele nos interpela hoje como ontem; chega até nós onde estamos, porque não é ele quem fala, mas é Deus quem fala por meio dele. E esta palavra, como toda verdadeira palavra de Deus, é um toque de trombeta, é uma chama de Deus, é um martelo que despedaça a rocha, diz Jeremias; um rugido de leão, diz Amós.

---

[1] Cf. LORTZ, J., *Der Unvergleichliche Heilige*, Düsseldorf, Patmos, 1952 (ed. it. *Francesco d'Assisi. Un santo unico*, Torino, Edizioni Paoline, 1973) [ed. bras.: *Francisco de Assis. O santo incomparável*, Petrópolis, Vozes/Cefepal, 1982 (N. da T.)].

Na Bíblia, a chave para entender um profeta está no seu chamado, no relato da sua vocação. Devemos remontar sempre àquele momento em que o profeta foi agarrado pelo poder de Deus que lhe disse: "Vai até este povo e dize...". Também Francisco teve o seu chamado, o seu "Vai!", e foi quando do Crucifixo de São Damião partiu uma voz (não sabemos se real e física, ou apenas interior) que lhe disse: "Vai, Francisco, e restaura a minha Igreja, que, como vês, está em ruínas!". Para descobrir o Francisco "profeta", portanto, temos de ver o que ele vai dizer à Igreja depois daquele envio por parte de Cristo; temos de examinar como ele compreendeu e realizou a sua "missão".

Para descobrir isso, temos alguns fios condutores. Além disso, não é verdade que somos tão desprovidos de qualquer critério objetivo e deixados totalmente a nosso arbítrio para fazer de Francisco o que queremos, como aconteceu também para Jesus. Não é verdade que ele deva continuar a ser uma espécie de molho em que se colocam todas as coisas, que é a melhor maneira de destemperar e anular a palavra de Deus que existe nele. Este é o Francisco que divulgamos com frequência na Igreja e na cultura: o Francisco que interessa a todos – poetas, literatos, ecologistas –, mas que já não interessa a Deus, que o enviou para algo bem preciso.

Um desses fios condutores para descobrir o segredo profético de Francisco é, sem dúvida, a sua pregação. Consultamos os escritos de Francisco, ou sobre Francisco, para ver o que ele passou a pregar e dizer às pessoas, depois de ouvir aquele "Vai, Francisco!". É surpreendente, mas todos perceberam: Francisco fala quase sempre de "fazer penitência". Na sua pregação, essa expressão ocupa o mesmo lugar que ocupa na pregação de Jesus a frase: "Convertei-vos, porque o Reino de Deus está próximo" (cf. Mc 1,15).

Em seu *Testamento* ele relembra os inícios de sua nova vida com estas palavras:

> Foi assim que o Senhor concedeu a mim, irmão Francisco, iniciar uma vida de penitência: como estivesse em pecado (como estivesse em pecado, eis outra palavra-chave), parecia-me demasiado amargo olhar para

leprosos; e o Senhor mesmo me conduziu entre eles e eu tive misericórdia para com eles. E, enquanto me afastava deles, justamente o que antes me parecia amargo se converteu para mim em doçura da alma e do corpo. E depois disto demorei só bem pouco e abandonei o mundo[2].

"A partir de então – narra Celano –, com grande fervor e exultação, ele começou a pregar a penitência, edificando a todos com a simplicidade da sua palavra e a magnificência do seu coração."[3] Por onde andava, Francisco dizia, recomendava, suplicava que fizessem penitência. Pouco depois da conversão, fez uma viagem à Marca de Ancona; eram ele e frei Egídio. Ele, assim que via um punhado de pessoas reunidas, chorando, lhes suplicava que fizessem penitência.

Egídio, que sabia falar ainda menos que Francisco, chamava de lado as pessoas que tinham escutado Francisco e lhes dizia: "Ouçam bem tudo o que lhes diz aquele homem, porque parece simples, mas vem de Deus!". Era toda a pregação deles, e o povo ouvia e se convertia[4]. E todos queriam saber quem eram e – observa o biógrafo –, embora fosse trabalhoso responder a tantas perguntas, eles confessavam com simplicidade que eram penitentes nascidos em Assis[5].

Penitentes nascidos em Assis: eis o que pensavam ser Francisco e seus primeiros companheiros. E ainda, na *Legenda dos três companheiros*, lemos que Francisco exortava os frades dizendo:

> Andemos pelo mundo, exortando a todos, mais com o exemplo que com as palavras, a fazer penitência de seus pecados e a lembrar os mandamentos de Deus. Não tenham medo de ser considerados insignificantes ou desequilibrados, mas anunciem com coragem e simplicidade a penitência. Tenham confiança no Senhor que venceu o mundo! Ele fala com seu Espírito em vocês e por meio de vocês, instando homens e mulheres a se converterem a Ele e a observarem os preceitos dele[6].

---

[2] *Testamento* (FF 110).
[3] TOMÁS DE CELANO, *Vida primeira*, X, 23 (FF 358).
[4] Cf. *Legenda dos três companheiros* [em seguida: *Três companheiros*], IX, 33 (FF 1436-1437).
[5] *Anônimo Perugino*, IV, 18 (FF 1508).
[6] *Três companheiros*, X, 36 (FF 1440).

Na *Regra não bulada* emprega palavras ainda mais apaixonadas: "Todos os povos, as gentes, as raças, as línguas, todas as nações e todos os homens da terra, que há e haverá, nós todos frades menores, servos inúteis, humildemente rogamos e suplicamos que perseverem na verdadeira fé e na penitência, porque do contrário ninguém poderá ser salvo"[7]. Enfim, chega para ele a irmã morte e, ao descrevê-la, assim o biógrafo sintetiza a sua vida: "Ali (em Santa Maria dos Anjos), cumprindo-se os quarenta e cinco anos de sua vida, e os vinte anos da sua perfeita penitência, o ano do Senhor 1226, em 4 de outubro, migrou para o Senhor Jesus Cristo"[8]. A história de Francisco se inicia, no *Testamento*, com o tema da penitência e se encerra com ele.

Mas o que "fazer penitência" significa para Francisco? Embora seja uma expressão que pode ser facilmente distorcida ou banalizada, trata-se, na realidade, de uma frase forte como um trovão e que faz o coração tremer. Ela é a "espada de duplo gume", com que Deus traspassa os corações e salva os homens. Ou os julga. É a palavra *metanoeite*. Ela é traduzida de várias maneiras: arrependei-vos, convertei-vos, emendai-vos; porque nenhuma palavra, por si só, pode esgotá-la. É uma palavra que esconde embaixo de si um abismo, assim como é profundo o abismo do juízo de Deus. Ora, *metanoeite* significa precisamente isto: entrem no juízo de Deus!

Mas para entrar no juízo de Deus temos de morrer, porque aquele juízo é contra nós. Não contra nós como pessoas (Deus continua a ser sempre o Vivente que não quer a morte do poder, mas quer que ele se converta e viva); contra o nosso pecado. E, como nós somos constituídos de pecado, entrar naquele juízo é como oferecer-se de peito aberto à espada e deixar-se traspassar. Quando, no dia de Pentecostes, Pedro gritou aos três mil homens de Jerusalém: "Vós matastes Jesus de Nazaré!", eles, ao ouvirem tudo isso, sentiram seu coração traspassado e disseram a Pedro e aos outros apóstolos: "O que devemos fazer, irmãos?". E Pedro disse: "Arrependei-vos!" (cf. At 2,37s). Arrepender-se

---

[7] *Regra não bulada*, XXIII (FF 68).
[8] *Espelho de perfeição* [em seguida *Esp. perf.*], XII, 124 (FF 1824).

é sentir o coração traspassado pela dor ao pensar no que fizemos ao nosso Deus, ao nosso Salvador.

Então, o que Francisco queria dizer quando suplicava que as pessoas fizessem penitência? Temos um fio condutor para descobrir isso: a extraordinária devoção de Francisco pelo símbolo do Tau. As fontes nos informam que ele assinava com tal símbolo os bilhetes autógrafos, como o que escreveu a frei Leão e que se conserva na basílica do Santo em Assis: ele traz em baixo um grande Tau, em torno do qual se leem as palavras: "O Senhor o abençoe, frei Leão". Celano diz que tinha um bastãozinho com a incisão do símbolo do Tau e com ele tocava os doentes e os curava[9]. Um dia frei Pacífico teve uma visão do Santo que tinha na testa "um grande Tau que sobressaía pela variedade de cores e tornava o seu rosto maravilhosamente belo e adornado"[10]. Em suma, era o seu símbolo, o seu selo.

Mas o que é esse Tau? Francisco inspirava-se num texto da Bíblia – Ezequiel 9 – que não podemos deixar de ouvir antes de continuar a nossa exposição:

> Uma voz forte gritou aos meus ouvidos, dizendo: "Que se aproximem os encarregados de fazer justiça na cidade, tendo cada um na mão o instrumento destruidor". Eis que da direção da Porta superior, que dá para o Norte, vinham seis homens, cada um com o instrumento de destruição na mão; um deles estava vestido de linho e levava um estojo de escriba à cintura. Aproximaram-se e pararam ao lado do altar de bronze. A glória do Deus de Israel elevou-se acima dos querubins sobre os quais repousava; deslocou-se em direção à entrada do Templo e gritou ao homem vestido de linho, que levava um estojo de escriba à cintura. E disse-lhe: "Vai passando pelo meio da cidade de Jerusalém e marca com uma cruz [um Tau] a fronte dos homens que suspiram e gemem por causa das coisas abomináveis que se praticam no meio dela!". Aos outros, ele disse de modo que eu podia ouvir: "Segui-o através da cidade, distribuindo golpes. Vossos olhos não tenham piedade! Não tenhais compaixão! Feri

---

[9] Tomás de Celano, *Tratado dos milagres*, XVII, 159 (FF 980).
[10] Boaventura, *Legenda menor* [em seguida: *Leg. men.*], II, 9 (FF 1347).

e exterminai a todos, velhos, jovens, donzelas, criancinhas e mulheres, mas não toqueis nos que estiverem marcados com uma cruz. Começai por meu Santuário". Eles começaram pelos homens, os anciãos que se encontravam colocados diante do Templo. Depois, disse-lhes: "Profanai o Templo, enchendo os átrios de cadáveres. Ide!". Eles partiram para o massacre na cidade (Ez 9,1-7).

Deus diz: "Começai por meu Santuário!". Esse símbolo do Tau, que no antigo alfabeto hebraico tinha a forma de uma pequena cruz, é retomado no Apocalipse de João, no qual se fala do anjo que parte do oriente, que tem o selo do Deus vivo e imprime esse selo na fronte dos servos (cf. Ap 7,2s). O símbolo profético agora se tornou realidade: é a cruz de Cristo, com a qual são marcados os que se voltaram para Deus, convertendo-se dos ídolos e fazendo-se batizar, para ser salvos. Os 144 mil marcados com esse símbolo são aqueles que sobreviverão ao extermínio.

Francisco foi aquele homem "vestido de linho, que levava uma bolsa de escriba à cintura", enviado por Deus para marcar um Tau na fronte dos que aceitavam fazer penitência. Foi o anjo que partiu do oriente e deixou impresso em si – em sua própria carne – o selo do Deus vivo – a cruz – e o imprimiu, por sua vez, na fronte dos homens seus contemporâneos. Imprimiu-o na fronte dos que aceitavam chorar pelas abominações do próprio coração e da Igreja. Que aceitavam ficar ao lado de Jesus. Porque temos de saber que o protótipo dos que choram por Jerusalém, agora, é Jesus: "Chegando mais perto, viu a cidade e chorou sobre ela, dizendo: 'Ah! Se pelo menos neste dia tu também compreendesses [...]'" (Lc 19,41s).

O Francisco das lágrimas

Não se trata simplesmente de uma pregação de penitência; é uma drama divino-humano. Não se trata de um movimento penitencial de tipo ascético e moral que parte de baixo, da vontade humana; trata-se de um movimento que parte do alto, do ponto mais alto imaginável: o coração de Deus Pai. O coração de Deus Pai sofre (embora não saibamos bem o que significa esta palavra aplicada a Deus); sofre! Diz: "Criei filhos e os enalteci, mas contra mim se revoltaram" (Is 1,2). Esse grito de Deus que sofre atravessa toda a Bíblia! Porque ele ama os filhos que o rejeitam, não pode arrancá-los do coração; por isso diz: "Como é que eu poderia te entregar a outros, Israel? [...] Dentro de mim meu coração se comove, e minhas entranhas se agitam de emoção. [...] porque eu sou Deus, e não homem" (Os 11,8s). No coração de Deus há agitação e comoção por esses filhos que se afastam dele para se aliar a seu inimigo e ao inimigo de Deus. Como não sofreria um "pai" por tudo isso?

Francisco entrou no coração de Deus; assumiu a paixão de Deus, a causa de Deus, e por isso, por toda a vida, não pôde fazer outra coisa além de chorar. Porque Francisco é o homem das lágrimas! Não dos sorrisos fáceis. Nós o reduzimos a isso; fizemos do Francisco *hagiográfico* o Francisco *oleográfico*! O Francisco da perfeita alegria, o arauto de Deus, que fala com o lobo, que canta embevecido a beleza das criaturas. Estes são frutos desabrochados nos ramos, no ápice de sua ascensão, sem que ele nem sequer se desse conta disso. Primeiro, no subsolo, houve um drama: Francisco chorou a vida inteira. Ficou cego – todas as fontes o atestam – de tanto chorar. Quando escreve seu *Cântico das criaturas* está cego e já não enxerga nenhuma criatura com os olhos do corpo. Um dos primeiros retratos do Santo, que se conservava em Greccio e se perdeu num incêndio, mas do qual nos restou uma cópia, nos mostra Francisco que leva um lenço aos olhos para enxugar as lágrimas: um sinal de que assim era lembrado por seus contemporâneos. Preenchia de gemidos os bosques vizinhos da Porciúncula, para não falar de Alverne.

Mas por que Francisco chorava? A paixão de Cristo! Certamente; mas a paixão de Cristo, enquanto era o sinal histórico e a expressão culminante de um drama mais vasto e mais profundo: o drama do amor e da dor de Deus, o drama da rebelião humana, na infidelidade ao amor de Deus. Francisco tinha agora o mesmo coração de Deus e era, no mundo, o sinal visível do "choro" de Deus. Choro mais de compaixão e de amor que de sofrimento.

Este poderia ser o Francisco do VIII Centenário do nascimento: o Francisco das lágrimas, o Francisco que carregou nos ombros o juízo de Deus sobre o pecado. Porque esse é o destino mais elevado de um homem e que o torna realmente um *alter Christus*: suportar o juízo de Deus contra o pecado, oferecer-se a Deus para beber o cálice da sua inevitável ira contra o pecado. Francisco sabe o que significa "rasgar o coração e não as vestes"; Francisco sabe o que significa estar no Getsêmani; ter feridas por fora e por dentro; mais por dentro que por fora. Francisco sabe o que significa lutar contra Satanás e suporta as manifestações tremendas de seu furor que se desencadeia onde há concentração de pecado, não importa se cometido por si mesmo ou se assumido em nome de outros. No monte Alverne, logo depois de ter recebido os estigmas, quando nós o imaginamos inundado de doçura divina, ele diz a seu companheiro estas palavras: "Se os irmãos soubessem quais e quantas tribulações e aflições me causam os demônios, não haveria nenhum que não se movesse de compaixão e de piedade para comigo"[11].

Mas quem conhece esse Francisco? Nós – eu dizia – conhecemos os frutos, não o tronco da árvore, não a raiz. Porque nós somos feitos assim: gostamos da liberdade de Francisco, mas não do caminho pelo qual ele chegou a essa liberdade. Gostaríamos de chegar logo ao domingo da ressurreição, sem passar pela sexta-feira de parasceve. Somos – diz a *Imitação de Cristo* – tão dados ao riso e à dissipação, mas tão duros para as lágrimas e a compunção. Eis por que privilegiamos o Francisco da "chegada" em detrimento do Francisco do "caminho", o Francisco da colheita e não o da semeadura, enquanto a Bíblia diz que quem semeia nas lágrimas (e apenas este) colherá na alegria (Sl 126,5).

É claro que Francisco é o homem da perfeita alegria! Mas ouçamos o que ele entende por perfeita alegria, agora que, ao que parece, foi encontrado o texto original do *fioretto*, com as palavras autênticas do Santo:

Então, voltando de Perúgia no meio da noite, chego aqui e é tempo de inverno, barrento e tão frio que, na barra da túnica, se formam gotinhas

---

[11] *Esp. perf.*, VIII, 99 (FF 1798).

de água fria congelada, que me batem continuamente nas pernas até tirar sangue de tais ferimentos. E, todo no barro, no frio e no gelo, chego à porta e, depois de bater e chamar longamente, vem um frade e pergunta: "Quem é você?". Eu respondo: "Irmão Francisco". E ele diz: "Vá embora, esta não é uma hora decente para chegar; você não entrará". E, enquanto insisto, ele responde: "Vá embora; você é um simples e um idiota; não pode ficar conosco; nós somos tantos e tais que não precisamos de você". E eu permaneço diante da porta e digo: "Pelo amor de Deus, acolham-me por esta noite". E ele responde: "Não o farei. Vá à casa dos Crucíferos e peça a eles". Pois bem, garanto que, se eu tiver paciência e não me abalar, aqui está a verdadeira alegria e a verdadeira virtude e a salvação da alma[12].

Quando um homem aceitou o juízo de Deus sobre si, deixou-se dilacerar fibra a fibra pela compunção do coração, este homem tem agora a autoridade e a mesma liberdade de Deus, e não é de admirar se até as criaturas inanimadas e os animais se submeterem a ele e, aliás, até vão até ele e o procuram. Ele já não constitui uma ameaça para as criaturas do mundo, assim como não a constituía Adão antes do pecado. É um homem novo, aquele que – diz Paulo – toda a criação espera com impaciência e pelo qual geme e sofre nas dores de parto (cf. Rm 8,19ss).

"Ai dos que morrerem em pecado mortal!"

Então a palavra profética que Deus quis dizer ao mundo através de Francisco é esta: fazer penitência, viver no arrependimento e no juízo de Deus. Não no juízo do mundo. Nós – ao menos eu, e acho que a maioria dos homens – vivemos mais no coração do mundo, não no coração de Deus; acatamos as razões do mundo, não as de Jesus e do seu Evangelho. É muito raro que em nós seja habitual viver "segundo Deus". Por isso não temos medo do pecado.

Aqui reside todo o problema. O drama em que Francisco se enredou e do qual se tornou símbolo entre os homens está relacionado

---

[12] *Da verdadeira e perfeita alegria* (FF 278).

com o pecado. É o drama do pecado. "Minha Igreja – dizia Jesus a Francisco – está em ruínas"; mas por que está em ruínas? O pecado a arruína! O pecado a corrói! O pecado é o câncer que a devora, a mata. Nós damos nomes diferentes aos males da Igreja; mas seu verdadeiro mal é um só e se chama pecado.

Na época de São Francisco, o pecado da Igreja se fazia visível sobretudo nos costumes: no luxo, na simonia e no concubinato do clero e na busca frenética de bem-estar material por parte do povo. Mas hoje o pecado da Igreja talvez seja mais radical, porque diz respeito à fé, e não às obras. É a incredulidade: já não se crê verdadeiramente; já não se crê. E a incredulidade é rebelião. São Paulo denomina a incredulidade dos judeus "o espírito que atua nos homens rebeldes" (cf. Ef 2,2). E esse espírito de rebelião se insinua na Igreja, até no clero e em nós religiosos! Por isso a palavra de Deus repete a nós, homens da Igreja de hoje:

> Tocai a trombeta em Sião!
> Determinai um jejum sagrado,
> decretai uma solenidade,
> reuni o povo,
> convocai a comunidade [...]
> Que entre o vestíbulo e o altar chorem
> os sacerdotes, ministros de Javé!
> Que eles digam:
> "Perdoa, Javé, o teu povo!" (Jl 2,15-17).

"Chorem os sacerdotes, ministros do Senhor!" Francisco é profeta também para nós hoje. Aliás, é absolutamente necessário devolver à voz do Pobrezinho este tom profético que nos chama a entrar na salvação, saindo do pecado. No Apocalipse ecoa esta palavra de Deus: "Saí do meio [da Babilônia], meu Povo! Não tomeis parte em seus pecados, para que não tenhais parte nas suas pragas!" (Ap 18,4). Sabemos o que significa "Babilônia" na Bíblia. Santo Agostinho escreveu o *De civitate Dei*, em que dá uma interpretação de toda a história humana: no mundo, diz, está em construção a cidade de Deus, que se edifica sobre o amor de Deus levado até o desprezo de si. Mas ao lado desta cidade – como o joio no meio do trigo – cresce outra cidade, a cidade de Satanás, que se edifica sobre o amor de si levado até o desprezo de Deus. E esta segunda cidade se chama, na Bíblia, Babilônia. Por isso, quando a palavra de Deus nos diz: "Saí do meio da Babilônia, meu povo!", é como se nos dissesse: Saiam do pecado! Rompam a solidariedade e a convivência com o pecado; livrem-se do pecado. Sair da Babilônia é o que Francisco, em seu *Testamento*, chama "abandonar o mundo": "E depois disto demorei só bem pouco e abandonei o mundo". Não se trata de abandonar a cidade dos homens, a convivência humana, ou seja, o mundo exterior, mas o mundo interior: aquele que trazemos dentro de nós. A Babilônia é o nosso "eu".

É preciso sair desta "Babilônia", porque – diz Deus – vocês sabem que sobre ela é iminente o meu juízo; ela está prestes a afundar como um enorme cargueiro abarrotado de pecado. Eu creio firmemente nesta palavra de Deus; creio que sobre a cidade de Satanás, que se tornou mais pujante que nunca em nossos países de antiga fé cristã, recai o juízo de Deus. E há sinais evidentes desse juízo de Deus, ao menos para quem tem olhos para ver e ouvidos para ouvir. Satanás é como um soberano que passeia livremente em seus domínios; agora se julga livre, utiliza a imensa liberdade que lhe conferimos com os nossos pecados. Só onde encontra pessoas como Francisco, pessoas que Deus escolheu para que sejam como Jesus no Getsêmani (e elas existem; essas almas existem, escondidas na Igreja!); apenas – eu dizia – onde encontra esses "obstáculos" em seu caminho, Satanás é obrigado a se manifestar como a água de um rio na enchente, que espuma quando encontra os pilares de uma ponte.

O juízo é iminente, portanto; ai daqueles que se deixarem surpreender no pecado e na rebelião! "Ai daqueles que morrerem em pecado mortal!", adverte Francisco ao final do *Cântico das criaturas*. "Felizes os que ela [a morte] encontrar cumprindo as tuas santíssimas vontades, porque a segunda morte não lhes fará mal."

Um sacerdócio renovado para a Igreja

Eis, então, o apelo profético de Francisco de Assis, se o queremos aceitar. Deus está pronto para fazer todo o resto: para nos dar um coração novo, um espírito novo; ele faz tudo, ele salva a sua Igreja. Quer de nós apenas um gesto, um sim, porque não quer anular a nossa liberdade, mas a respeita. E esse gesto se chama arrependimento: "Arrependei-vos – grita Pedro no dia de Pentecostes –: depois recebereis o dom do Espírito Santo!".

É preciso "romper definitivamente com o pecado" (cf. 1Pd 4,1). Cada um de nós tem uma raiz da qual a árvore do pecado extrai alimento na sua vida. Na medida em que estamos ligados a nós mesmos, à nossa glória, ao que se diz e se pensa de nós, à nossa fama entre os contemporâneos e os pósteros, estamos no pecado. Porque o pecado é isso. O meu pecado sou eu! É o meu "eu" velho que não se deixa demolir pela palavra de Deus. Romper definitivamente com o pecado significa buscar a raiz-mãe, a raiz axial, da erva daninha do pecado, e decepá-la. Fazer um ato livre de renúncia ao pecado. Num momento de recolhimento, dizer: "No que cabe a mim, na medida em que minha fragilidade o permitir, entre mim e o pecado (aquele exato pecado ao qual ainda estou ligado), não existe mais nada! Acabou. Não quero mais pecar!". Aqui se realiza finalmente a decisão do nosso batismo.

Deus quer um sacerdócio renovado para o seu povo! Tivemos o Concílio Vaticano II; nele foram renovados tantos aspectos da vida da Igreja: a liturgia, em parte a teologia, as estruturas pastorais. Todas coisas boas. Mas essas coisas são os instrumentos. Interessam a Deus na medida em que ajudam a renovar o coração do seu povo. Porque Deus se importa muito com o coração de seu povo. Não quer que esteja "longe dele". Temos diante de nós esta tarefa: empenhar-nos para renovar o povo cristão na sua vida espiritual; mas, para fazer isso, nós, sacerdotes e pastores, primeiro temos de renovar a nós mesmos.

Penso naquele momento da história de Israel, quando o povo volta do exílio: se reconstrói o templo, o culto e o sacerdócio são restabelecidos. Reinam o fervor e a euforia. Mas o Senhor envia o profeta Zacarias; diz novamente a um homem o seu "Vai e dize a este povo...!".

O que deve dizer? Que convém reconstruir o templo e todas as outras coisas, mas primeiro é preciso renovar o sacerdócio, o coração dos sacerdotes. Sem isso, tudo é inútil. Quero ler para vocês a visão que Zacarias teve a esse respeito:

> Ele fez-me ver o sumo sacerdote Josué de pé, diante do anjo de Javé [o sumo sacerdote Josué representa aqui todo o sacerdócio de Israel], e o Satã de pé à sua direita, a fim de o acusar. E o anjo de Javé disse ao Satã: "Que Javé te reprima, Satã, que Javé te reprima, ele que escolheu Jerusalém! Este não é um tição salvo do fogo?". Ora, Josué estava vestido com vestes sujas, quando de pé diante do anjo. Esse tomou a palavra e falou àqueles que estavam de pé diante dele. E disse: "Retirai dele as vestes sujas!". Depois ele lhe disse: "Vê! Eu fiz sair de sobre ti a tua falta!". Ele disse: "Coloquem sobre sua cabeça um turbante limpo, e revesti-o com roupas de festa" (Zc 3,1-5).

"Vê! Eu fiz sair de sobre ti o pecado!": quando o Senhor realizou esse milagre, de renovar o coração de seus sacerdotes, começou então, na Igreja, aquele movimento que demole o edifício do pecado. Mas só pode começar assim, porque não se pode pretender ajudar o povo cristão a sair do pecado, se nós estamos dentro dele. Quem vem falar conosco, quem está do outro lado da grade de um confessionário, ou escuta de nossos lábios a palavra de Deus, logo percebe se nós que falamos com eles estamos livres do pecado ou se, ao contrário, estamos enredados nele. E, se estamos enredados nele, não apenas por fraqueza, mas também por vontade própria, não podemos lhe dar a ajuda necessária para se livrar do pecado.

Acatemos, portanto, a palavra de Francisco que nos chama ao arrependimento e à penitência e à conversão. Eu estou aqui em Assis, neste centenário, e peço ao meu pai São Francisco, que agora está feliz e glorioso junto a Deus, que passe ele mesmo em meio a nós, com aquela sua humildade pela qual, quando estava em vida, parecia pedir continuamente a todos desculpas por existir. Peço-lhe que marque na minha testa um Tau que me consagre na verdade e no arrependimento e lhe peço também, se me permitem, que marque um Tau na testa de cada um de vocês.

III
"UM SOL NASCEU PARA O MUNDO"*

Está para terminar a celebração do VIII Centenário do nascimento de Francisco de Assis. Com ele – diz o nosso supremo poeta –, "um sol nasceu para o mundo"[1]. A mesma metáfora do sol foi usada, antes dele, pelo papa Gregório IX no discurso para a canonização de Francisco: "Como sol radiante, assim ele refulgiu no templo de Deus"[2]. Mas vale também para Francisco o que ele diz do sol natural no seu *Cântico das criaturas*: de Deus Altíssimo, ele "traz significação".

Francisco é um sinal de Deus, um reflexo da sua santidade e da sua glória. Se todo homem vivo – como diz Santo Ireneu – é uma glória de Deus[3], Francisco o foi de modo singular e único. Por isso, seríamos infiéis ao Pobrezinho, se começássemos por ele e não por Deus, o único a quem "são adequados" todos os louvores, a glória e a honra. Ele costuma dizer:

> Como nas imagens do Senhor e da bem-aventurada Virgem pintadas em madeira se honra e se recorda Deus e Nossa Senhora, e a madeira e a tinta não atribuem tal honra a si mesmas, assim o servo de Deus é como uma pintura, uma criatura feita à imagem de Deus, na qual é Deus que é honrado em seus benefícios. O servo de Deus, portanto, semelhante a uma madeira pintada, não deve referir nada a si mesmo; a honra e a glória devem ser prestadas tão somente a Deus[4].

---

* Meditação realizada em Milão na igreja dos capuchinhos do Viale Piave 2, em dezembro de 1982.
[1] Dante Alighieri, *Paraíso*, XI, 50.
[2] Tomás de Celano, *Vida primeira*, III, 123 (FF 539). O papa aplica a Francisco o elogio que se lê em Sirácida/Eclesiástico 50,7.
[3] Ireneu, *Contra as heresias*, 4, 20, 7.
[4] *Legenda Perugina* [em seguida: *Leg. Per.*], 104 (FF 1660).

Francisco nos parece realmente como uma maravilhosa tabuleta, como um ícone perfeito e vivo do Crucificado, pintado pelo dedo de Deus, que é o Espírito Santo. Deter-se no ícone, sem remontar à realidade e ao seu significado, seria traí-lo. Assim, para que o universal, unânime e irrefreável movimento de admiração do mundo por Francisco não seja idolatria, ou mera epopeia humana, devemos sempre, mas especialmente nesta ocasião do centenário do seu nascimento, devolver a glória de Francisco a Deus. Um bispo do centro da Itália diz a seu povo, depois de ouvir uma pregação do Santo: "Deus iluminou a sua Igreja com este homem pobrezinho e sem nenhum mérito, simples e sem cultura. Por isso, somos obrigados a louvar sempre o Senhor, sabendo bem que não agiu assim com nenhum outro povo (Sl 147,20)"[5].

O Francisco que prega e o Francisco objeto de pregação

Um grande estudioso de história da Igreja escreveu sobre Francisco de Assis estas palavras:

> Francisco é um mistério. Já o era para seus contemporâneos. Continua sendo um mistério para nós hoje. E um mistério não deve ser desnudado levianamente. Do contrário, corre-se o risco de, junto com ele, destruir a própria realidade. Em vez disso, é preciso conservá-lo na sua insondabilidade e na sua dialética interna. [...] Só é possível chegar ao Francisco como um todo de maneira aproximada em suas inexploráveis profundezas[6].

E, no entanto, se Francisco de Assis é uma "palavra" de Deus para a Igreja e para o mundo, devemos tentar decifrar esta palavra inteira e misteriosa, diluindo-a na multiplicidade das nossas palavras.

A mensagem de Francisco chegou até nós em duas formas distintas: a) em forma indireta, narrada e interpretada, que abarca tanto as

---

[5] Tomás de Celano, *Vida segunda*, CIII, 141 (FF 725).
[6] Lortz, J., *Francesco d'Assisi. Un santo unico*, cit., 11.

palavras como as ações e os gestos do Santo, e são as biografias, ou seja, os escritos "sobre" Francisco; b) em forma direta, quase como em viva voz, e são os escritos "de" Francisco. Por analogia ao que se diz de Jesus, podemos chamar este último de o Francisco "que prega" e o primeiro de o Francisco "que é objeto de pregação"; um é o Francisco da história, o outro é o Francisco da fé, ou melhor, da devoção (sem negar a historicidade de fundo também deste Francisco da devoção). Sempre em analogia ao que se diz de Jesus, podemos chamar o primeiro o Francisco da "*ipsissima vox*", isto é, que fala conosco em primeira pessoa, com palavras certamente saídas de seus lábios ou de sua pena; o segundo, o Francisco "narrado", ou "recordado".

Uma fonte completa e exige a outra. O Francisco "narrado", ou "pregado", é mais completo, fascina mais, possuindo a insustentável força evocadora da lenda. De fato, é nele que reside a imagem "vulgata" de Francisco: Francisco "homem novo", "homem de outro mundo" (como dizem os biógrafos), poeta, pacificador, amigo de todas as criaturas... Mas este Francisco é também o mais exposto a interpretações subjetivas, parciais, convenientes e às vezes até deturpadas, dependendo dos modismos culturais.

O outro Francisco é mais humilde, porém mais seguro e autêntico. Ele nos permite remontar às verdadeiras fontes da santidade do Pobrezinho; permite que não nos limitemos aos frutos ou aos ramos da árvore, mas conheçamos sua raiz. Por este motivo, nestes últimos tempos, também os estudiosos reavaliaram os escritos de São Francisco e deram a eles a primazia na tentativa de reconstruir a verdadeira imagem do Santo. Com as devidas proporções, entre os escritos de Francisco e os escritos sobre Francisco existe a mesma diferença que existe entre o Evangelho de Jesus e um livro de cristologia. Seus escritos, ainda que poucos e breves, têm a simplicidade das narrativas evangélicas e dos *logia* de Jesus, mas também, em parte, a mesma força perene que vem da vida neles contida, do fato de serem todos "espírito e vida" (para usar uma expressão cara ao Santo). Portanto, é a esses escritos que precisamos nos voltar preferencialmente, na tentativa de apreender a mensagem de Francisco para nós, cristãos de hoje.

Perto da morte, "considerando que não podia visitar as pessoas por causa da doença e da fraqueza de seu corpo" e, por outro lado, considerando-se obrigado, como servo de todos, "a servir a todos e a administrar a todos as fragrantes palavras do seu Senhor"[7], Francisco escreveu três cartas circulares, uma dirigida "a todos os cristãos, religiosos, clérigos e leigos, homens e mulheres, a todos aqueles que habitam o mundo inteiro"; uma outra, "a todos os clérigos"; e uma terceira, "aos dirigentes dos povos".

Cremos que a maneira mais segura de permitir que o Pobrezinho de Assis fale conosco seja ainda precisamente a de reunir a mensagem central dessas três cartas, iluminando-a, na ocasião oportuna, com outras palavras certamente autênticas, extraídas de outros de seus escritos ou das fontes antigas. Nesta tentativa, baseio-me na mensagem do episcopado italiano para o VIII Centenário do nascimento de São Francisco. De fato, ela também toma como ponto de partida essas três cartas do Pobrezinho para esboçar o ensinamento de Francisco ao mundo de hoje[8].

O que Francisco diz a todos os cristãos

A mensagem espiritual que se desprende da carta do Santo a todos os cristãos[9] é a da primazia da adoração e do louvor a Deus sobre qualquer outra atividade humana: "Amemos a Deus – escreve – e adoremo-lo com pureza de coração e de mente, pois ele o exige acima de todas as outras coisas, dizendo: 'Os verdadeiros adoradores adorarão o Pai em espírito e verdade' (Jo 4,23)"[10]:

> Toda criatura que está no céu e na terra e no mar e nas profundezas dos abismos renda a Deus louvor, glória e honra e bênção, porque ele é a nossa virtude e a nossa força. Ele que é o único bom, que é o único

---

[7] *Carta a todos os fiéis* [em seguida: *Aos fiéis*], Prólogo (FF 180).
[8] Cf. a Mensagem da CEI (Conferência Episcopal Italiana) para o VIII Centenário do nascimento de São Francisco, enviada de Assis em 12 de março de 1982.
[9] In FF 179-206.
[10] In FF 187.

altíssimo, que é o único onipotente e admirável, glorioso e santo, digno de louvor, bendito pelos infinitos séculos dos séculos[11].

Em sua carta, Francisco delineia uma vida cristã toda animada e polarizada por um impulso para o alto, para Deus, impulso feito de louvor, amor e adoração. Como que libertando as energias humanas dos falsos bens que as mantêm prisioneiras, ele quer dirigi-las todas para Aquele que é "o bem, todo o bem, o supremo bem, o Senhor Deus vivo e verdadeiro"[12].

Aliás, é a mesma mensagem contida no *Cântico das criaturas* de Francisco. De fato, este não é um cântico dirigido às criaturas, mas a Deus, "por causa das criaturas" ou "a partir das criaturas". É o sentido da preposição "por" que acompanha cada verso do *Cântico*: "Louvado seja, meu Senhor, *pela* irmã Lua... *pelo* irmão Vento, *pela* irmã Água...". Deturpamos seu sentido genuíno e o secularizamos, se tomamos este *Cântico* como prova da atenção de Francisco pelas criaturas, como prova de um interesse puramente ecológico de sua parte, reduzindo a simples poesia o que nasceu para ser oração: "Altíssimo, onipotente, bom Senhor...".

Com esse convite ao louvor, o Pobrezinho nos lembra o verdadeiro sentido da existência humana segundo a Bíblia, que é de ser "louvor da glória" de Deus (cf. Ef 1,12). Esse impulso de ascensão para Deus, que Francisco imprime à vida cristã, não é, contudo, o primeiro movimento, mas o segundo. Antes existe, para ele, o movimento de descida de Deus para o homem, ou seja, a encarnação. A ela é dedicada a primeira parte da *Carta a todos os fiéis*, como, aliás, a Jesus nos seus mistérios concretos do nascimento e da paixão é dirigida toda a espiritualidade do Santo. Francisco tem sempre diante dos olhos o fato de que Deus se humilhou em Cristo: "Todos os dias – escreve – ele se humilha, como quando do trono régio desceu no ventre da Virgem; todos os dias vem até nós em aparência humilde; todos os dias desce

---

[11] In FF 202.
[12] *Louvores de Deus altíssimo* [em seguida: *Louvores*], 1 (FF 261).

do seio do Pai sobre o altar"[13]. Ele chega a dizer a Deus, numa célebre oração: "Tu és humildade"[14]. Assim, a oração de Francisco é mais uma resposta que uma invocação ou um pedido: é agradecimento, louvor, admiração, júbilo, enlevo do coração e da mente. É oração que nasce da fé no mistério cristão do Deus feito homem. É "eucaristia", no sentido originário da *berakà* judaica.

A segunda coisa que Francisco recomenda a todos os cristãos é a liberdade e o desapego das coisas materiais: "Os homens – escreve – perdem todas as coisas que deixam neste mundo". Para inculcar essa verdade, ele cria o apólogo do moribundo impenitente, que é a parte mais vívida da carta. Nele traça a imagem de um homem que, pelo apego a suas posses, se recusa, até em seu leito de morte, a reparar as injustiças cometidas e, assim que expira, "os parentes e os amigos tomam seu patrimônio e o dividem entre si e depois dizem: 'Maldita seja sua alma, porque podia nos dar e adquirir muito mais do que fez'"[15].

Com seu estilo imediato e simples, Francisco desnuda, com essas palavras, o verdadeiro mal da sociedade de sua época, inebriada por suas primeiras experiências do bem-estar difuso, que é também o verdadeiro mal que aflige a nossa sociedade: o materialismo prático. Não devemos ter medo de adotar esta palavra incômoda de Francisco. Os estudiosos de hoje, justamente sensíveis ao problema social, gostam de situar São Francisco sobre o pano de fundo da sociedade de sua época, caracterizada pelo esforço de libertação do feudalismo, do fenômeno da primeira urbanização verdadeira e da ascensão comercial da Europa, e muitas vezes atribuem ao Santo tomadas de posição ou respostas explícitas e geniais às instâncias de sua época.

No entanto, temos de considerar que, nas fontes, absolutamente nada nos permite atribuir a Francisco essa consciência social. Ele não agiu com base numa consciência social, mas com base numa consciência evangélica. Embora estejam intimamente ligadas entre si, a opção cristã precede a opção social e é sua fonte. Em Francisco, tudo brota

---

[13] *Adm.*, I, 1 (FF 144).
[14] *Louvores*, 5 (FF 261).
[15] *Aos fiéis*, XI (FF 205).

da sua conversão ao Evangelho ou – como ele gosta de dizer – da sua decisão de "fazer penitência", e essa conversão, embora se concretize e se expresse no beijo no leproso e na familiaridade com os pobres, encontra sua única fonte na graça de Deus e num impulso do Espírito: "O próprio Senhor me conduziu entre eles (os leprosos) e fui misericordioso com eles"[16].

Parece-nos que também para nós, cristãos de hoje, tudo isso contém uma indicação importante sobre a relação entre fé e mudança, ou justiça, social. Francisco é talvez, depois do próprio Jesus, a prova mais evidente de que é renovando o homem no íntimo que se renovam também a sociedade e as estruturas. Nenhum homem da Idade Média se propôs menos que Francisco a mudar a sociedade e nenhum homem da Idade Média de fato mudou a sociedade mais que Francisco.

Ao denunciar a escravidão da riqueza e das coisas materiais, o Pobrezinho, na sua *Carta a todos os fiéis*, não pensa apenas nos grandes ricos e senhores de sua época, mas também nas camadas médias, populares e camponeses, que constituem a sua plateia habitual e mais comum. Francisco percebe que também eles são afligidos por um apego aos bens terrenos e por tal ânsia de aumentar os próprios bens a ponto de negligenciar completamente Deus e os valores do espírito. Toda a sua vida, do desnudamento diante do pai até seu expirar "nu na terra nua", foi um grito profético contra esta tremenda escravidão, que ele via como a raiz última das injustiças e da falta de alegria entre os homens.

Francisco nunca propôs a todos a sua pobreza, mas propôs a todos a sua liberdade. Também hoje, à distância de tantos séculos de sua passagem, continua válida e atual essa sua proposta de libertação, a única capaz de criar mais justiça, o serviço, a partilha e também – para quem recebeu este dom do Altíssimo – o despojamento por amor à Senhora Pobreza. Uma da principais razões do abandono da prática cristã e do esmorecimento da fé e da caridade é precisamente uma busca exasperada de segurança material e de lucros: é o que um de

---

[16] *Testamento*, 1 (FF 110).

nossos escritores, descrevendo a realidade social de certas regiões da Itália com condições econômicas mais precárias e modestas, definiu como "a maldição das coisas"[17].

Francisco ao clero

A mensagem particular de Francisco ao clero diz respeito à Eucaristia. A própria carta é intitulada *A todos os clérigos sobre a reverência do Corpo do Senhor*[18]. Entre outras coisas, escreve nela:

> Nada de fato temos e vemos corporalmente neste mundo do próprio Altíssimo, a não ser o corpo e o sangue (dele) [...]. Por muitos o corpo é deixado em lugares indignos, é transportado de modo lastimável, é recebido sem as devidas disposições e ministrado aos outros sem reverência [...]. Por tudo isso, não deveríamos nos sentir repletos de zelo, uma vez que o próprio bom Senhor se oferece às nossas mãos e nós o temos à nossa disposição e dele comungamos todos os dias? Será que não sabemos que iremos cair nas mãos dele?

Quando pensa nos sacerdotes, Francisco pensa na Eucaristia, e, quando pensa na Eucaristia, pensa nos sacerdotes. Sabemos que a Eucaristia é uma das paixões secretas de Francisco. Não existe tema que desperte o seu ardor ou sua indignação, dependendo dos casos, como a maneira como é tratado o corpo eucarístico de Jesus[19]. O motivo disso é que, para Francisco, tudo é concreto, simples e imediato: Jesus na Eucaristia é Jesus; o seu corpo é o seu corpo. Ele não vê simplesmente uma partícula consagrada, ou uma píxide maltratada; para ele, é Jesus vivo e verdadeiro que é negligenciado pelos sacerdotes, em cujas mãos ele se confiou espontaneamente e sem defesa. Ele chora e se enternece pelo Jesus do altar abandonado, como chora e se enternece pelo Jesus Menino pobre e sem roupas de Belém

---

[17] VERGA, G. *Mastro Don Gesualdo*, 1888.
[18] In FF 207-209.
[19] *Testamento*, 10-13 (FF 113-114).

e pelo Jesus martirizado da paixão. É essa pena do coração que o faz dizer aos sacerdotes de sua ordem:

> Rogo a todos vós, irmão, beijando vossos pés e com todo o amor de que sou capaz, que manifesteis, o quanto puderdes, todo o respeito e toda a adoração ao santíssimo corpo e sangue de nosso Senhor Jesus Cristo [...]. Ouvi, irmãos meus. Se a bem-aventurada Virgem Maria é tão honrada, como é correto, porque o carregou em seu santíssimo seio; se o bem-aventurado Batista estremeceu de alegria e não ousou tocar a santa cabeça do Senhor; se é venerado o sepulcro, no qual ele esteve por algum tempo; quanto deve ser santo, justo e digno quem acolhe nas próprias mãos, recebe no coração e com a boca, oferece aos outros para que o recebam, aquele que já não há de morrer, mas viverá eternamente na glória, Ele, a quem os anjos desejam dirigir o olhar?[20]

Dessa fé e desse amor pelo santíssimo corpo de Cristo nasce, em Francisco, tanto a sua extraordinária veneração pelos sacerdotes, mesmo que pobrezinhos e pecadores[21], como seu apelo premente aos sacerdotes para que sejam santos: "Prestai atenção à vossa dignidade, sacerdotes – escreve –, e sejais santos, porque ele é santo (1Pd 1,12)"[22]. Francisco pede aos sacerdotes suprema pureza de coração, de corpo e de intenções ao celebrar a Santa Missa: "Rogo no Senhor a todos os meus irmãos sacerdotes [...] que todas as vezes que quiserem celebrar a Missa, puros, com pureza, ofereçam com profunda reverência o verdadeiro sacrifício do santíssimo corpo e sangue do Senhor nosso Senhor Jesus Cristo, com intenção santa e limpa"[23].

Este apelo de Francisco ao clero é apenas aparentemente setorial e limitado; ao contrário, toca o cerne da existência sacerdotal. Ele nos lembra que o corpo místico de Cristo, que é a Igreja, só se constrói em torno do corpo real, que é a Eucaristia. Francisco não vê o mistério

---

[20] *Carta a todos os frades* [em seguida: *Aos frades*], 1-11 (FF 217-220).
[21] *Testamento*, 8 (FF 112s); *Adm.*, XXVI (FF 176).
[22] *Aos frades*, II (FF 220).
[23] Ibid. (FF 218).

eucarístico apenas como a "coisa" que santifica, mas também como a própria "forma" da santidade: em outras palavras, a Eucaristia faz a Igreja, fazendo da Igreja uma eucaristia, ou seja, envolvendo-a no movimento de autodoação, de abaixamento, de humildade e de serviço por parte de Cristo, que está na origem da Eucaristia: "Vede – escreve – a humildade de Deus e abri diante dele os vossos corações; humilhai-vos também vós, para que ele vos exalte (cf. 1Pd 5,6). Por isso, não retenhais nada de vós para vós mesmos, para que vos receba inteiros aquele que a vós se dá inteiro"[24].

Francisco aos governantes

A terceira carta de Francisco que queremos lembrar começa desta maneira: "A todas as podestades e cônsules, magistrados e governadores de todas as partes do mundo, e a todos os outros aos quais chegar esta carta, irmão Francisco, vosso servo no Senhor Deus, pequeno e desprezível, desejando a todos vós saúde e paz"[25].

Observou-se (também por parte dos bispos italianos em sua mensagem) que, em sua carta aos que exercem a autoridade, Francisco, surpreendentemente, nada diz aos governantes sobre os deveres para com os homens a eles submetidos, mas, ao contrário, os chama a seus deveres prioritários como criaturas humanas e como cristãos e a sua tarefa de promover o culto a Deus entre o povo. De fato, sua carta continua dizendo:

> Considerai e vede que o dia da morte se aproxima. Por isso, suplico-vos, com toda a reverência de que sou capaz, que, por estardes absorvidos pelos cuidados e preocupações deste mundo, não vos esqueçais do Senhor e não vos desvieis de seus mandamentos. [...] E que consagreis tanta honra ao Senhor entre o povo a vós confiado, que a cada tarde se anuncie, por um pregoeiro ou qualquer outro sinal, que sejam dados louvores e graças ao Senhor Deus onipotente por todo o povo.

[24] Ibid. (FF 221).
[25] In FF 210.

Imaginou-se que esta última recomendação de chamar publicamente o povo ao louvor de Deus tenha sido sugerida a Francisco pela prática dos muezins de convidar à oração do alto dos minaretes, prática que ele certamente observara ao vivo em sua viagem ao Oriente.

A ausência do chamado a exercer a autoridade surpreende especialmente quando se sabe a força de renovação que o Pobrezinho teve neste campo do exercício do poder. Ele quer que, entre seus frades, "nenhum seja chamado prior, mas todos sejam chamados simplesmente frades menores"[26]. Abole em sua ordem a própria ideia de "superior" e de "chefe" e a substitui, constantemente e em todos os níveis, pela de "ministro e servo", reconduzindo, assim, ao poder o que deve estar segundo o Evangelho, isto é, a serviço. E aqui não se trata para Francisco de uma simples troca de nomes; indica-o o fato de que, em sua *Regra*, chega a escrever que os que governam ("os ministros") devem demonstrar em relação a seus súditos "tanta familiaridade que possam falar-lhes e agir como senhores com seus servos; pois assim deve ser que os ministros sejam servos de todos os frades"[27].

É a pura e simples substância do Evangelho que, desse modo, Francisco redescobre e repropõe à Igreja. Depois de ter evocado a palavra de Jesus: "não vim para ser servido, mas para servir" (Mt 20,28), o Santo, numa de suas admoestações, comenta: "Os que estão constituídos em autoridade sobre os outros gloriem-se de seu ofício como se tivessem sido encarregados de lavar os pés dos irmãos"[28].

Assim, é ainda mais surpreendente constatar que na carta aos governantes dos povos Francisco não despenda uma palavra para pedir a eles esse dever do serviço e para denunciar os abusos de poder que existiam ao seu redor. Mas, pensando bem, precisamente aqui está, mais uma vez, a novidade de Francisco. Ele não coloca os detentores da autoridade diante de seus deveres e de suas responsabilidades; ao contrário, como ouvimos, os põe diante de Deus: "Considerai e vede – assim começa a sua carta – que o dia da morte se aproxima. Por isso,

---

[26] *Regra não bulada*, VI (FF 23).
[27] *Regra bulada*, X (FF 102).
[28] *Adm.*, IV (FF 152).

suplico-vos, com todo o respeito de que sou capaz, que, por estardes absorvidos pelos cuidados e preocupações deste mundo, não vos esqueçais do Senhor".

Toda a breve carta continua nesse tom "teológico". Lembra aos governantes que, mais importante que governar e comandar os homens, é, para eles, "obedecer a Deus". Ou melhor, eles têm o direito de comandar na medida em que eles mesmos obedecem a Deus. Denuncia a tendência a utilizar o poder para enriquecer, mas o faz indiretamente, lembrando aos poderosos que, "quando chegar o dia da morte, todas as coisas que julgavam ter lhes serão tiradas".

Dizia-se que também nisso se manifesta a originalidade evangélica de Francisco. Em sua renovação, ele não parte do homem e da análise da sociedade, mas de Deus; não das obrigações e dos deveres, ou seja, da lei, mas da graça. Ele realiza em si mesmo, em toda a sua radicalidade, o modelo evangélico de exercício da autoridade e o exige com a força da sua fraternidade; aos outros – ou seja, à sociedade e à Igreja – não oferece admoestações, mas realizações; não faz a sua "revolução" com palavras, mas com fatos, silenciosamente. Também nisso ele se mostra "o reformador por meio da santidade", que se distingue do reformador "por meio da crítica".

Depois de lembrar tantas palavras de Francisco, quero concluir com uma última palavra que o Santo pronunciou no ocaso de sua vida; também ela é uma "*ipsissima vox*" de Francisco: "Eu fiz a minha parte; que Cristo vos ensine a fazer a vossa"[29]. Oremos, portanto, realmente a Cristo para que nos dê também a nós a vontade e a força para fazer a nossa parte, como Francisco fez a sua.

---

[29] Tomás de Celano, *Vida segunda*, CLXII, 214 (FF 804).

IV
SE FRANCISCO DE ASSIS FALASSE HOJE AOS RICOS*

Perguntei-me como as receberia e o que diria a elas Francisco, se um grupo de pessoas ricas como vocês viesse ao encontro dele aqui em Assis quando ainda vivia, agora perto do fim da vida. Tenho certeza de que não começaria com severas "admoestações" (ele as reservava a seus frades!). Sua atitude diante dos ricos parece clara pelo que ele prescreve aos frades na *Regra*: "Admoesto e exorto a não desprezar nem julgar os homens que virem vestidos com roupas finas e coloridas, usando comidas e bebidas finas, mas antes cada um julgue e despreze a si mesmo" (*Regra*, cap. 2).

É a característica do Pobrezinho de Assis que faz dele um caso único em sua época e talvez em toda a história da Igreja. Numa situação em que todos brandiam o Evangelho contra qualquer um – uns contra os heréticos, outros contra a Igreja institucional –, ele escolheu não criticar ninguém, nem a Igreja, nem os inimigos da Igreja; não querer "reformar" ninguém a não ser a si mesmo e aos seus seguidores diretos, na certeza de que esse é o melhor caminho para reformar também os outros.

Francisco não começaria seu discurso negativamente, mas positivamente. Teria exortado a descobrir que existe outra riqueza, o reino de Deus; que é preciso, sim, usar responsavelmente os bens terrenos, segundo a consciência e a doutrina da Igreja, mas que também isso é

---

* Conferência proferida em inglês ao grupo "Legatus" dos Estados Unidos, Assis, em 12 de novembro de 1989. "Legatus: Ambassadors for Christ in the Marketplace" é uma associação de empresários católicos que atua nos Estados Unidos e em outros países.

secundário, vem depois. O verdadeiro problema é descobrir que existe outro tesouro, diante do qual todo o resto é como palha. Teria recordado as duas breves parábolas (um único versículo cada uma!), de que ele tanto gostava, do tesouro escondido e da pérola preciosa:

> O reino dos céus é como um tesouro escondido num campo. Um homem o encontra. Então, esconde-o novamente e, cheio de alegria, vai vender tudo o que tem e compra esse campo. O reino dos céus é ainda como um comerciante que anda à procura de formosas pérolas. Quando encontra uma de grande valor, vai, vende tudo o que possui e a compra (Mt 13,44-46).

"Vender tudo" não significa necessariamente se livrar materialmente e de fato de todas as coisas; Jesus pede isso apenas àqueles que chama ao seu seguimento especial, como fez com o jovem rico de que fala o Evangelho. Significa desapegar-se com o coração, estar prontos a se separar não apenas das próprias riquezas, mas também da própria mão e do próprio olho, se isso fosse necessário para não perder o Reino.

Nesse âmbito, como em todo o resto, Francisco reflete a atitude de Jesus. É um exemplo disso o episódio de Zaqueu. Zaqueu continua rico. O ofício que tem lhe permite permanecer rico mesmo depois da drástica autorredução de seus bens. Era "chefe dos publicanos", ou seja, dos agentes alfandegários da cidade de Jericó, uma cidade que tinha o monopólio de alguns produtos muito requisitados naquela época, inclusive no Egito, por Cleópatra; ele também era, a seu modo, um "homem de negócios".

Isso ajuda a corrigir uma impressão equivocada que se pode ter de outras palavras do Evangelho. Não é a riqueza em si que Jesus condena inapelavelmente, mas o uso iníquo dela. O verdadeiro pecado do rico epulão não era o de ser rico, mas o de ostentar a sua riqueza e de não ter nenhuma compaixão pelo pobre Lázaro que jazia à porta de casa coberto de feridas e faminto. É o pecado que Jesus, no Evangelho, define como um "ajuntar riquezas para si, em vez de se enriquecer diante de Deus" (cf. Lc 12,21).

Há salvação também para o rico, portanto! Quando pronunciou aquelas terríveis palavras: "É mais fácil um camelo passar pelo buraco de uma agulha do que um rico entrar no reino dos céus", os discípulos, assustados, disseram: "Mas, então, quem poderá se salvar?". E Jesus replicou: "O que é impossível para o homem é possível para Deus" (cf. Mc 10,27). Zaqueu é a comprovação de que Deus pode realizar também o milagre de converter e salvar um rico sem, necessariamente, reduzi-lo ao estado de pobreza.

Jesus tinha entre seus discípulos e amigos pessoas abastadas. Era o caso de Nicodemos e José de Arimateia, definido pelo Evangelho como "homem rico", e também devia ser o caso de algumas mulheres piedosas sobre as quais está escrito que "lhe prestavam ajuda com seus bens" (Lc 8,3). A família de Lázaro, de Marta e de Maria era uma família a ser considerada rica para a época, e Jesus era amigo deles. Também Francisco teve homens ricos entre seus amigos; era o caso do marquês de Chiusi, que colocou à disposição dele o monte Alverne, bem como de Jacoba dos Setes Sóis, a aristocrata romana sua devota e amiga. Certamente não se tratava de milionários, como existem hoje, mas em sua época sem dúvida eram considerados pertencentes à classe dos ricos.

É verdade que Jesus jamais lisonjeou os ricos e nunca procurou o favor deles, abrandando, diante deles, as exigências de seu Evangelho. Ao contrário! Zaqueu, antes de ouvir dizer: "Hoje entrou a salvação nesta casa", teve de tomar uma decisão corajosa: dar aos pobres metade de seu dinheiro e dos bens acumulados, reparar as extorsões feitas em seu trabalho, restituindo o quádruplo. Essas duas coisas, pensando bem, podem exigir do rico uma coragem e um sacrifício semelhantes, se não maiores, que os necessários para se livrar de tudo e viver sem nenhuma responsabilidade. A história de Zaqueu parece, assim, o espelho de uma conversão evangélica que é sempre conversão a Deus e aos irmãos simultaneamente.

Desse modo, os ricos também podem ser verdadeiros discípulos de Jesus; contudo, devem mudar de atitude e de opinião sobre suas riquezas. Não necessariamente, eu dizia, a única maneira de fazê-lo é vender tudo e dá-lo aos pobres. Hoje, poderia ser um caminho igualmente coerente com o Evangelho usar esse dinheiro com senso de responsabilidade e de justiça social. Por exemplo, criando novos postos de trabalho, distribuindo melhor os rendimentos entre os operários, se a empresa está ativa, melhorando as condições de trabalho na empresa, contentando-se com aluguéis mais honestos.

Além dessas exigências, que não são de muitos, permanece o dever de contribuir, o mais possível, com obras e atividades sociais seguramente honestas, como ajudar uma população vítima de uma calamidade e necessitada, dar um apoio às missões e, sobretudo, pagar os impostos honestamente, que continua a ser a maneira normal de compartilhar os próprios ganhos com a comunidade.

O próprio Jesus indica aos ricos o caminho para sua salvação: "acumulai para vós – diz – tesouros no céu, onde nem traça nem ferrugem os consomem" (Mt 6,20), e ainda: "conquistai amigos com a riqueza injusta para que, quando esta vier a faltar, esses amigos vos acolham nas moradas eternas" (Lc 16,9). Jesus aconselha os ricos a transferirem suas riquezas para o exterior! Não para a Suíça (como se faz na Itália), mas para o céu. Muitos – diz Agostinho – se apressam em enterrar o próprio dinheiro, privando-se até mesmo do prazer de vê-lo, às vezes por toda a vida, desde que saibam que está seguro. Por que não enterrá-lo no céu, onde estaria bem mais seguro e onde um dia seria encontrado para sempre?

Como fazer? É simples, diz Santo Agostinho. Nos pobres Deus lhe oferece carregadores. Eles vão para onde um dia você espera ir. Deus precisa aqui no pobre e lhe restituirá quando você estiver lá. Além disso, enquanto o proíbe de praticar usura aqui na terra com os homens, lhe permite fazê-la com ele. "Deste-me pouco – diz Deus –, receberás muito; deste-me bens terrenos, receberás coisas eternas; deste-me o que era meu, receberás a mim mesmo."[1]

A esmola não é a única solução nos dias de hoje. Há muitas outras maneiras, dizíamos, de tornar os próprios bens úteis aos pobres. Um

---

[1] Agostinho, *Sermões*, 38, 8-9 IPL 38, 239s.

dia, um rico industrial foi pedir conselhos a uma monja de clausura. Estava decidido a fazer de suas riquezas aquilo que o Senhor lhe demonstrasse, inclusive vender tudo e dá-lo aos pobres, se era isso que ele lhe requeria. A freira pediu tempo para rezar e, quando o rico voltou para a resposta, lhe disse: "Você tem dinheiro guardado neste momento?". "Sim", respondeu. "Então, vá, abra outra fábrica e dê emprego a outros operários!". E assim fez.

A Escritura nos traçou uma espécie de retrato do rico cristão, em que se elenca o que deve fazer, ou não, para ser salvo:

Aos ricos deste mundo, manda que não sejam orgulhosos, nem ponham a sua esperança nas riquezas instáveis, mas sim em Deus, que nos dá tudo em abundância para o nosso uso. Que eles pratiquem o bem, fazendo-se ricos de boas ações, sendo generosos, repartindo os bens que possuem. Deste modo, acumulam para si um belo capital como garantia do futuro, em vista da verdadeira vida (1Tm 6,17ss).

Pois bem. Penso que é isso que Francisco diria, talvez com palavras diferentes, a um grupo como o de vocês, se viesse encontrá-lo aqui em Assis, durante a sua vida. Ou então – algo mais provável – simplesmente contaria a sua história pessoal, como faz em seu *Testamento*. Vocês o conhecem? É o escrito mais seguramente e mais genuinamente de São Francisco. Começa assim:

O Senhor concedeu a mim, irmão Francisco, que começasse a fazer penitência assim: porque, como eu estava no pecado, parecia-me demasiado amargo ver os leprosos. E o próprio Senhor me levou para o meio deles, e fui misericordioso com eles. E, afastando-me deles, o que me parecia amargo converteu-se para mim em doçura da alma e do corpo. E depois me demorei mais um pouco e saí do mundo.

Aliás, assim como ele vive com o seu espírito nesse lugar e, como Abel, "mesmo morto, continua a falar" (cf. Hb 11,4), deixem que ele fale com vocês pessoalmente e lhes conte a história dele por intermédio deste distante e indigno filho, como se ele mesmo lhes falasse: "Eu, diz

Francisco, era filho de um rico comerciante, um 'homem de negócios', como vocês. Fazia, pode-se dizer, comércio em âmbito internacional, uma espécie de 'importação-exportação' *ante litteram*. Comercializava no ramo têxtil, importando da França tecidos preciosos e exportando produtos acabados, um pouco como se continua a fazer na Itália, país pobre de matérias-primas, mas rico em arte e criatividade, ainda hoje famoso no mundo da moda. Quando nasci, mudou o nome de João, que recebi na sua ausência, pelo de Francisco, precisamente em homenagem à França com a qual fazia bons negócios.

Por alguns anos, vivi inebriado pelas possibilidades que me dava a disponibilidade de dinheiro, apesar de sofrer uma espécie de complexo de inferioridade em relação aos filhos de famílias nobres. (Na minha época, a nobreza era mais importante que a riqueza.) Festas, amigos, garotas, roupas, armas... Chamavam-me 'o rei das festas'. Mas devo dizer que no fundo do meu coração havia uma inquietude profunda, como um vazio. 'Francisco, dizia comigo mesmo, isso é tudo o que você quer da vida?' Às vezes, quando eu estava sozinho, era tomado por uma grande melancolia e chorava em minha cama depois de voltar de uma festa.

Deus se serviu de algumas situações para me despertar de meu sono. Num dos frequentes conflitos armados entre a minha cidade e a vizinha Perúgia, fui aprisionado e por longos meses a solidão me ajudou a entrar em mim mesmo. Comecei a ver a vaidade do mundo. Meu próprio corpo, privado das vestes suntuosas, me aparecia em toda a sua nudez, especialmente porque eu estava doente.

Ao sair da prisão graças ao resgate pago por meu pai, recomecei a cultivar os sonhos de glória e queria me juntar a uma expedição militar na Apúlia, para conquistar aquela nobreza que a meu ver preencheria minhas expectativas. A poucos quilômetros de Assis, em Spoleto, à noite tive um sonho. Vocês sabem, daqueles sonhos que não são apenas sonhos. Uma voz me dizia: 'Francisco, quem pode ajudá-lo mais, o senhor ou o servo?'. Respondi: 'O senhor, Senhor!'. E a voz: 'Então por que está deixando o senhor pelo servo, o príncipe pelo vassalo?'.

Voltei para Assis. Comecei a sentir a necessidade de me isolar e de rezar. Foi naquela época que aconteceu o encontro com o leproso que conto no início do meu Testamento. Vocês conhecem o resto. Eu tinha encontrado o tesouro escondido, a pérola preciosa e, como o camponês da parábola, corri para casa para vender tudo e adquirir o tesouro. Numa feira em Foligno, vendi tecidos e meu cavalo e dei o dinheiro obtido a um padre para consertar sua igrejinha em ruínas[2].

Vocês podem imaginar a reação de meu pai. Foi como um filho no qual o pai depositou todas as esperanças para a continuidade da sua empresa ou da sua profissão e passa hoje a viver como *hippie*. Levou-me à presença do bispo e ali eu fiz minha escolha radical, cortando todas as amarras que me prendiam. Tirei minhas roupas e nu (o bispo, por pudor, apressou-se em me cobrir com seu manto!) disse: 'Até agora chamei de pai Pietro di Bernardone; a partir de agora, direi apenas *Pai nosso que estás nos céus*'.

Eu tinha encontrado a alegria, a liberdade. Cantava. Deus preenchia tudo. Depois que o papa Inocêncio aprovou verbalmente o nosso modo de vida, comecei a viajar pelas cidades da Úmbria, pela Marca de Ancona e o Reatino, pregando a conversão. Repetia simplesmente as palavras do Senhor: 'Convertei-vos, porque o reino dos céus está próximo'. Geralmente falava em latim, a língua ainda oficial da Igreja. A Bíblia traduzia aquelas palavras por '*poenitemini*' ou então '*agite poenitentiam*', literalmente 'façam penitência'. Mas eu não pretendia convidar as pessoas a se flagelarem publicamente, a se vestirem de saco, como faziam outros naquela época; não convidava a fazer penitências, mas a fazer penitência, ou seja, a mudar de mentalidade, em suma, a crer no Evangelho.

Depois de algum tempo, Clara juntou-se a mim. Era rica e, ao contrário de mim, de família nobre; na opinião de todos, era também muito bonita. Nosso ideal comum era viver o Evangelho ao pé da letra e nossa esperança, a vida eterna. O pensamento da vida eterna despertava em mim tal fervor que uma vez, durante uma festa de cavaleiros

[2] Tomás de Celano, *Vida primeira*, IV, 8 (FF 332-334).

no Forte de San Leo, na Romanha, subi numa mureta e passei a declamar dois versos da nascente língua italiana que então se começava a usar entre o povo: 'Tanto è il bene ch'io m'aspetto/ che ogni pena mi è diletto' [É tão grande o bem que espero/ que toda dor é para mim um deleite].

Quando meus frades se reuniram pela primeira vez, de todas as partes do mundo, para o chamado Capítulo das Esteiras, em Santa Maria dos Anjos, novamente o pensamento da vida eterna levou-me a um êxtase irrefreável e pronunciei diante de meus frades admirados esta exortação que hoje repito também para vocês:

> Meus filhos, grandes coisas prometemos a Deus, mas muito maiores são as coisas que Deus nos prometeu. Observemos as que prometemos a ele e esperemos com segurança as que ele nos prometeu. Breve é o prazer do mundo, mas eterna é a pena que o segue. Pequena é a pena desta vida, mas a glória da outra vida é infinita[3].

Muitos queriam unir-se a nós, mas não podiam por serem casados ou por terem outros compromissos que não podiam deixar de cumprir. Pouco a pouco, consolidou-se a ideia de dar também a eles a possibilidade de compartilhar o nosso ideal. Foi assim que nasceu a Ordem Terceira Franciscana (terceira porque veio depois da primeira ordem dos frades e da segunda das freiras de Clara). No início se chamava simplesmente 'Ordem dos Penitentes', no sentido em que expliquei esta palavra. Hoje, com razão, os leigos não gostam de ser considerados segundos e muito menos terceiros, por isso se chama Ordem Franciscana Secular. Entre eles tive alguns de meus filhos mais queridos: ricos e pobres, cultos e ignorantes; entre eles houve também reis, rainhas, nobres, poetas. Cristóvão Colombo, que descobriu o continente de vocês, também era um deles.

Não era apenas um desconto ou uma concessão feita a sua incapacidade de abandonar totalmente o mundo. Como Jesus, eu também descobri, depois do entusiasmo da primeira hora, que existe um valor

---

[3] *Fioretti*, XVIII (FF 1848).

positivo na riqueza, se usada segundo o plano de Deus. Assim como a virgindade e o celibato pelo Reino não anulam nem diminuem a dignidade do casamento, assim a pobreza voluntária não é uma condenação da riqueza. Também ela pode ser um daqueles talentos dados por Deus que é preciso fazer frutificar. Ai de nós se fôssemos todos virgens e todos pobres! Quem daria a Deus e à Igreja novos filhos, e quem daria trabalho e assistência aos menos afortunados?

Gostaria de lembrar também a tarefa encerrada no nome da organização de vocês: 'Ambassadors for Christ in the Marketplace', Embaixadores por Cristo no Mundo dos Negócios. Não é uma tarefa fácil, vocês sabem melhor que eu. Mas quem, além de vocês, pode tornar Jesus Cristo presente no mundo aparentemente tão distante dos negócios e da finança? Uma maneira possível para vocês de participar da evangelização é ajudar, com seus recursos e competências, os evangelizadores profissionais. Jesus disse que não ficará sem recompensa quem der ainda que apenas um copo d'água a um profeta por ser um profeta dele (Mc 9,41).

Eu mesmo, no início, quando comecei a consertar a igrejinha de São Damião, percorria Assis gritando: 'Quem me dá uma pedra terá uma recompensa; quem duas pedras, duas recompensas; quem três, outras tantas recompensas!'[4]. Vocês podem dar – e sei que dão – a Cristo e à Igreja muito mais que uma pedra ou um copo d'água!".

---

[4] *Três companheiros*, VII, 21 (FF 1420).

V
APAREÇA, FRANCISCO!*

As fontes franciscanas narram difusamente a vinda de Francisco e de seus primeiros companheiros a esta Basílica, onde em sua época residia o papa. Relatam a hesitação inicial de Inocêncio III, a parábola da mulher pobre que envia seus filhos à corte do rei, e sobretudo o sonho do papa. "De fato, tinha sonhado que a Basílica de Latrão estava prestes a desmoronar e que um religioso, pequeno e sem valor, a segurava com seus ombros, para que não caísse."[1]

Giotto imortalizou esse sonho num de seus afrescos em Assis e como lembrança do fato se escolheu a praça em frente a esta Basílica para ali erigir o monumento a São Francisco. Hoje, quase oito séculos depois, os filhos e as filhas do Pobrezinho voltam juntos a São João de Latrão para o Jubileu. Gostaria de indicar três direções para canalizar os nossos sentimentos, seguindo os três objetivos principais do Jubileu: entoar um *Te Deum* de agradecimento, fazer um exame de consciência, lançar um olhar para o presente e o futuro.

O nosso Te Deum

O que fez Deus com aquele pequeno número de jovens que um dia foram procurar Inocêncio III! A parábola do grão de mostarda que se torna árvore frondosa se repetiu na ordem franciscana. Quantos homens e mulheres vieram se aninhar nos ramos desta árvore! Quantos santos, santas, missionários, mártires. Um universo de santidade no universo maior da santidade da Igreja. Uma santidade que nos faz sen-

---

* Discurso proferido em Roma, na basílica de São João de Latrão, por ocasião do Grande Jubileu de todos os franciscanos da Itália, em 9 de abril de 2000.
[1] TOMÁS DE CELANO, *Vida segunda*, XI, 16-17 (FF 602-603).

tir ainda mais nosso o Jubileu. Celebramos os dois mil anos do nascimento de Cristo, o *logo* do Jubileu é "Cristo: ontem, hoje e sempre". E Francisco é aquele que levou precisamente este Cristo concreto dos Evangelhos – o Cristo de Greccio e do Calvário – ao centro de tudo, reproduzindo-o, no fim, em sua própria carne.

Diante de tanta graça, só podemos fazer nossas as palavras do salmo e dizer: "*A Domino factum est istud, et est mirabile in oculis nostris*" (Sl 118,23). "Eis a obra do Senhor: uma maravilha aos nossos olhos." Olhem para o alto, na bacia da abside: ao lado de Maria, do Batista e dos apóstolos, apenas dois outros santos: Francisco de Assis e Antônio de Pádua, representados aqui pouco mais de meio século depois de sua morte. Mas não podemos nos demorar demais neste aspecto luminoso da nossa história. O próprio Francisco nos impede de fazê-lo com um de seus ditos que conhecemos bem:

> Carlos imperador, Rolando e Olivério, e todos os paladinos e pródigos guerreiros que foram galhardos nos combates, perseguindo os infiéis com muito suor e trabalho até a morte, conseguiram uma gloriosa e memorável vitória sobre eles, e no fim caíram em batalha pela fé em Cristo. Mas são muitos os que, só pela narração de suas façanhas, querem receber honra e louvor humano[2].

Um exame de consciência

Temos de passar ao exame de consciência e depois do *Te Deum* entoar humildemente o *Miserere*. Ainda somos aqueles ombros que sustentam a Igreja? O Jubileu é para todos uma graça de conversão e deve ser também para nós franciscanos. Aliás, para nós mais que para outros. "Penitência" é a palavra com a qual começa o *Testamento* de Francisco; é a palavra-chave para compreender todo o seu movimento. Antes de frades menores, os seguidores do Pobrezinho eram conhecidos como "os penitentes de Assis".

---

[2] *Leg. Per.*, 72 (FF 1626).

O primeiro ponto sobre o qual devemos nos perguntar é: Jesus Cristo realmente ocupa o centro da nossa vida? É para nós, como indivíduos e como comunidade, o objetivo de tudo, o orgulho, a paixão da vida, a razão das nossas escolhas? Podemos – ou ao menos desejamos – dizer também nós: "Para mim viver é Cristo"?

Deveríamos examinar outro ponto: Francisco "saiu do século". Nós, por acaso, não retornamos a ele, ao século? Em alguma medida, não nos "secularizamos"? Como ele e como Jesus, estamos também nós *no* mundo, mas não somos *do* mundo? *Unidos* a tudo, precisamente por estar *separados* de tudo? Se é assim, como o povo de Israel, digamos: "A justiça cabe ao Senhor, nosso Deus, mas o rubor cobre as nossas faces" (Br 1,15).

Mas o que penitência e conversão significavam para Francisco? Entrar no coração de Deus, compartilhar o seu sofrimento, ver as coisas daquele centro, onde tudo, especialmente a infidelidade e o pecado, assume a sua verdadeira fisionomia. Uma coisa melhor que todas nos revela o significado de conversão para Francisco, a sua incrível devoção ao Tau. Por trás dessa devoção, há uma história que vale a pena lembrar, porque começou precisamente nesta Basílica. No profeta Ezequiel lemos:

> A glória do Deus de Israel elevou-se acima dos querubins sobre os quais repousava; deslocou-se em direção à entrada do Templo e gritou ao homem vestido de linho, que levava um estojo de escriba à cintura. E disse-lhe: "Vai passando pelo meio da cidade de Jerusalém e marca com uma cruz [um Tau] a fronte dos homens que suspiram e gemem por causa das coisas abomináveis que se praticam no meio dela!" (Ez 9,3-4).

No discurso com que abriu o IV Concílio Lateranense, em 1215, o idoso papa Inocêncio III retomou esse símbolo. Gostaria de ser, dizia, ele mesmo aquele homem "vestido de linho, que levava um estojo de escriba à cintura, e passar pessoalmente por toda a Igreja para marcar um Tau na fronte das pessoas que aceitavam entrar em estado de verdadeira conversão"[3].

---

[3] INOCÊNCIO III, *Sermões*, VI (PL 217, 673-678).

Não pôde fazê-lo pessoalmente em virtude da idade, mas afirmou-se que, oculto entre a multidão que o ouviu naquele dia, estava também Francisco de Assis; seja como for, é certo que o eco do discurso do papa chegou até ele, que acatou o apelo e o fez seu. Desde aquele dia começou a pregar, ainda mais intensamente que antes, a penitência e a conversão e a marcar um Tau na fronte das pessoas que se aproximavam dele. O Tau se tornou o seu selo. Com ele assinava suas cartas, o desenhava nas celas dos frades. Depois da morte de Francisco, São Boaventura pôde dizer: "Ele recebeu do céu a missão de chamar os homens a chorar, a se lamentar... e de imprimir o Tau na fronte dos que gemem e choram"[4]. Foi por isso que Francisco às vezes foi chamado "o anjo do sexto selo": o anjo que traz, ele mesmo, o selo do Deus vivo e o assinala na fronte dos eleitos (cf. Ap 7,2s).

Agora ouso pedir a vocês um gesto: cada um ofereça ao vizinho ou à vizinha a fronte para traçarem-se mutuamente, com a mão, o símbolo do Tau, como se o próprio Francisco passasse pessoalmente no meio de vocês para fazê-lo... Desse modo proclamemos que o Tau não é para nós franciscanos apenas um belo distintivo para levar ao pescoço, mas um sentimento profundo do coração, uma maneira de ser.

Um confiante olhar para o futuro

O Jubileu é também uma graça de renovação no Espírito. O que a Igreja e o povo de Deus esperam de nós? O Evangelho fala de alguns gregos que foram até Jerusalém para a festa de Páscoa, que vão até os apóstolos dizendo: "Queremos ver Jesus" (cf. Jo 12,21). Os homens de hoje se aproximam de nós franciscanos com um pedido análogo: "Queremos ver Francisco! Façam-nos ver Francisco!". O mundo tem saudade de Francisco. Mais que nunca. Percebemos isso em tantos sinais: o encontro entre os líderes das religiões em Assis em 1986, o nome dele que volta todas as vezes que se fala de ecologia, de proteção das criaturas, de pobreza.

[4] BOAVENTURA, *Leg. maior*, 2 (FF 1022).

Mas, ainda mais que o poeta, o amigo das criaturas, o mundo tem necessidade de ver o santo, o homem do "Evangelho ao pé da letra". Não devemos frustrar essa sua expectativa. É verdade: não somos os únicos a manter viva a memória de Francisco na Igreja. Inúmeros outros homens e mulheres encarnam hoje o seu espírito, talvez sem citá-lo nominalmente e levando-o apenas no segredo do coração. Nós os recebemos entre nós, no espírito, os reconhecemos como irmãos e irmãs, ainda que não estejam aqui conosco, agradecemos a eles o exemplo que nos dão. Penso em Madre Teresa de Calcutá, em Charles de Foucauld, no Abbé Pierre, em Hélder Câmara e em tantos outros. A Igreja é mais ampla do que parece pelos registros de batismo, e também a família franciscana é maior do que parece pelas estatísticas das ordens religiosas.

Mas nem por isso podemos renunciar à nossa tarefa. Dante diz que, antes de morrer, o Pobrezinho

> aos frades seus, como devida herança,
> recomendou a sua mulher mais cara
> pra que a amassem com fiel perseverança[5].

A nós, como legítimos herdeiros, deixou a Senhora Pobreza. Valem também para nós as palavras do profeta Baruc a Israel: "Não cedas a outro a tua glória e a um povo estranho os teus privilégios!" (Br 4,3).

Uma forma de permitir que as pessoas ainda "vejam" Francisco, simples, porém mais importante do que se pensa, é usar o seu hábito.

Voltemos a partir, para uma renovação espiritual, de onde partiu Francisco: da oração, da escuta ávida da Palavra de Deus, pronta a captar seus apelos sempre novos; daquele seu "Senhor, o que queres que eu faça?", repetido por dias inteiros em São Damião. Nós o sabemos por toda a nossa história: a renovação periódica da ordem franciscana começou sempre pelas casas de oração. O futuro da ordem se

---

[5] "a' frati suoi, sì com'a giuste rede, / raccomandò la donna sua più cara", in: ALIGHIERI, Dante. *A Divina Comédia. Paraíso.* Edição bilíngue – Tradução e notas de Italo Eugenio Mauro, São Paulo, Editora 34, ³2014, 83.

prepara colocando-nos de joelhos e pedindo também a nós, como fez toda a Igreja, "um novo Pentecostes".

Nossa presença aqui tem também outro significado: expressa a vontade de caminhar juntos, as várias famílias franciscanas, em santa fraternidade e concórdia, o componente masculino e o feminino. O componente feminino tem menos oportunidades de fazer ouvir a sua voz; por isso queremos saudá-lo ainda mais calorosamente e expressar a nossas irmãs toda a admiração e o afeto que, nós da ordem primeira, temos por elas. Sobretudo às filhas de Clara, que nos seguem de sua clausura.

Queremos que não se ouça mais entre nós a questão que tanto entristecia Jesus nos apóstolos: "Quem de nós é o maior?". Esta é uma oportunidade para realizar também entre nós franciscanos, especialmente os da ordem primeira, a cura das memórias, como aquela que a Igreja, pelos lábios do papa, está realizando em tantos campos. Nós propomos ao mundo de hoje Francisco como o homem da reconciliação, da paz, da unidade entre as classes, os povos e as religiões. Devemos ser os primeiros a dar o exemplo desta jubilosa fraternidade, alegrando-nos uns com os sucessos dos outros e sofrendo uns pelas dificuldades dos outros.

Não era mais Paulo que falava aos filipenses, na primeira leitura desta liturgia; era Francisco quem falava conosco: "Irmãos, se sabeis o que é um consolo em Cristo, um conforto de caridade, uma comunhão no Espírito, uma compassiva ternura, enchei-me de alegria. Para isto vivei em pleno acordo, tendo um mesmo amor, um mesmo coração, um só e mesmo sentimento" (cf. Fl 2,1ss). Que nada – absolutamente nada – jamais comprometa a bela colaboração e concórdia obtida entre os vários ramos da família franciscana. Nada é mais precioso que ela. Dela depende a credibilidade de todas as nossas iniciativas para o ecumenismo e a paz. A oração de Jesus é também a oração de Francisco: "Pai, que sejamos uma só coisa...".

Deixo agora a palavra ao Seráfico Pai, que fala conosco como falou um dia a todos os seus frades reunidos para o Capítulo das Esteiras (também este é, a seu modo, um Capítulo das Esteiras):

Meus filhos, grandes coisas prometemos a Deus,
mas muito maiores as coisas que Deus nos prometeu.
Observemos as que prometemos a ele
e esperemos com segurança as que ele nos prometeu.
Breve é o prazer do mundo,
mas eterna é a pena que o segue.
Pequena é a pena desta vida,
mas a glória da outra vida é infinita[6].

Como fez Eliseu com Elias, nós te suplicamos, pai São Francisco: Dá-nos um pouco do teu espírito, uma orla apenas do teu manto. Faze que continuemos a ser, em toda humildade e espírito de serviço, o teu ombro que sustenta o muro da santa Igreja. Tu, "carro de Israel e seu cocheiro". Tu, nosso pai e irmão nosso.

---

[6] *Fioretti*, XVIII (FF 1848).

VI
FRANCISCO, MENSAGEIRO DE PAZ*

Natal da paz

No primeiro domingo de Advento ouvimos estas palavras de Isaías: "Eles forjarão relhas de suas espadas, e foices de suas lanças. Uma nação não erguerá a espada contra outra nem se treinará mais para a guerra" (Is 2,4). No segundo domingo, outras promessas do mesmo teor: "O lobo morará com o cordeiro, a pantera dormirá com o cabrito, novilho e leãozinho pastarão juntos..." (cf. Is 11,6). No salmo responsorial do mesmo domingo: "Nos seus dias florescerá a justiça e abundará a paz" (cf. Sl 71).

Na noite de Natal ouviremos as palavras do hino angélico: "Paz na terra aos homens amados pelo Senhor", cujo sentido não é: *seja* paz, mas *é* paz; não um desejo, mas uma notícia. Como se se dissesse: agora se cumprem todas as promessas de paz feitas aos homens. "Naqueles tempos", "nos seus dias", diziam os profetas; agora o tempo se tornou "este" tempo. "O Natal do Senhor – dizia São Leão Magno – é o natal da paz (*Natalis Domini natalis est pacis*)."[1]

Se a palavra de Deus queria nos desconcertar, conseguiu. Comparadas com as imagens de guerra que estamos acostumados a ter diante dos olhos, estas palavras soam como uma espécie de amarga ironia. Qual paz? O Messias veio, mas onde é que "abunda" a paz? Charles Péguy apresenta-nos Joana d'Arc que na época da guerra "dos cem anos" entre a França e a Inglaterra, depois de recitar o Pai-nosso, comenta amargamente: "Pai nosso que estás nos céus, como teu reino está distante de chegar! Como tua vontade está longe de ser cumprida! Como

---

* Sermão realizado na Casa Pontifícia, na presença de João Paulo II, no Advento de 2001.
[1] Leão Magno, *Tratados*, 26 (CC 138, 1.130).

estamos distantes de ter o nosso pão de cada dia!"[2]. E nós acrescentamos: "Como tua paz está longe de ser abundante!".

O recente atentado às Torres Gêmeas do 11 de setembro passado despertou dramaticamente o mundo para esta triste realidade. O Messias veio, mas as espadas não se transformaram em arados, nem as lanças em foices. Ou melhor, as espadas foram transformadas, mas em metralhadoras, não em arados; as lanças foram transformadas, mas em mísseis, não em foices. Esse é um dos motivos pelos quais o povo judeu não acredita que Jesus seja o Messias: porque não vê cumpridas as profecias messiânicas, e em especial a da paz.

O que podemos dizer a esse respeito? Digamos antes de tudo que Jesus não veio para mudar a realidade material e o curso dos eventos do mundo, mas para mudar o nosso olhar sobre eles. Mas também no âmbito externo e visível não é verdade que tudo continua como antes. Houve pessoas nas quais tudo o que ouvimos sobre a paz não permaneceu uma linda utopia, mas se tornou realidade também de fato, até, às vezes, a familiaridade com as feras anunciada por Isaías. São os santos. Eles nos ajudam a interpretar corretamente as promessas de paz da Bíblia. Permitem-nos ver que o cumprimento não ficou aquém da promessa, mas foi além dela.

Nesta circunstância vamos nos deter num deles: Francisco de Assis. Assim, a presente meditação, além de nos preparar para receber o anúncio dos anjos na noite de Natal, também servirá de preparação para o encontro do próximo dia 24 de janeiro, promovido pelo Santo Padre em Assis com os representantes das religiões, precisamente para impedir que os fatos do 11 de setembro levem a choques de civilizações e guerras religiosas.

Francisco, arauto da paz

Ao percorrer as fontes franciscanas, ficamos admirados com a frequência com que nelas aparece a palavra "paz". Onde o Pobrezinho pas-

---

[2] PÉGUY, Ch., Le mystère de la charitè, in *Oeuvres poétiques completes*, Paris, Gallimard, 1957, 369s.

sava florescia a paz. Olhando em retrospecto, depois de sua morte, na época em que ele viveu na terra, os contemporâneos tiveram a impressão de encontrar como que um parêntese de paz no tumultuado mundo de então: "Todos vimos com nossos olhos como os tempos transcorreram na paz e na tranquilidade, desde que o servo de Cristo esteve em vida e quanta abundância existiu de todos os bens"[3]. Viram nele o mensageiro "que traz o evangelho da paz" (cf. Is 33,7), "o arauto" da paz[4].

Percorramos antes de tudo os escritos do Santo. Na *Regra*, prescreve aos frades que, em qualquer casa em que entrarem, digam: "O Senhor te dê paz"[5] e no seu *Testamento* afirma que foi o próprio Senhor quem lhe revelou para resgatar essa saudação bíblica[6].

Em todas as cartas que escreve sempre começa desejando a paz. A bênção de Aarão: "Que Javé faça brilhar sobre ti sua Face e te conceda a paz" (cf. Nm 6,25-26) torna-se a sua maneira habitual de abençoar[7]. Nos *Louvores a Deus*, em que se conservam escritos de próprio punho em Assis, há um que diz: "Tu és a paz"[8].

Ao enviar seus frades para pregar, dizia-lhes: "Ide, caríssimos, dois a dois, para as várias partes do mundo e anunciai aos homens a paz"[9]. Há uma pequena história ligada a essa saudação que conhecemos pelas fontes:

> Nos primórdios da Ordem, andando Francisco com um frade que foi um dos doze primeiros, este saudava homens e mulheres pelo caminho e os que estavam nos campos com as palavras: *O Senhor vos dê a paz!* Mas, como ainda não tinham ouvido essa saudação de nenhum religioso, as pessoas ficavam muito admiradas. Outros, indignados, replicavam: "O que significa essa vossa saudação?". Desse modo, aquele frade começou a se sentir envergonhado e disse a Francisco: "Permite-me usar

---

[3] Tomás de Celano, *Vida segunda*, XXIII, 52 (FF 638).
[4] Boaventura, *Leg. maior*, Prólogo (FF 1020-1021); *Três companheiros*, X, 39 (FF 1443).
[5] *Regra bulada*, III (FF 86).
[6] *Testamento*, 27 (FF 121).
[7] *Bênção a frei Leão* (FF 262).
[8] *Louvores*, 12 (FF 261).
[9] Tomás de Celano, *Vida primeira*, XII, 29 (FF 366).

outra saudação". Francisco respondeu: "Deixa-os falar, pois não compreendem as coisas de Deus. Mas não te envergonhes, porque até nobres e príncipes deste mundo mostrarão reverência a ti e aos outros frades graças a esta saudação"[10].

A história lhe deu razão! A saudação que se tornará o lema do movimento franciscano *"Pax et Bonum* – Paz e Bem" também tem uma pequena história. Na época da conversão de Francisco, um desconhecido percorreu as ruas de Assis por vários dias gritando a todos "Paz e bem, paz e bem", para depois sair de cena. Todos o interpretaram como um presságio da futura missão do Santo[11].

A paz que floresce nas passagens de Francisco não é apenas *paz interior*, com Deus. No sermão que profere no Capítulo das Esteiras, exortou seus frades "a ter concórdia e paz com Deus, com os homens, com a própria consciência"[12]. As três dimensões essenciais da paz. Ele se preocupava sobretudo com a *paz eclesiástica*. Numa época em que todos os movimentos de reforma entravam em conflito com o clero, ele dizia a seus frades: "Saibam que é mais fácil alcançar o bem das almas e a salvação dos povos quando se está em paz e não em desacordo com o clero"[13].

A paz de Francisco também tem uma dimensão *política* no melhor sentido do termo, de paz na cidade e entre as cidades. À sua chegada sob as muralhas de Arezzo, os demônios da discórdia fogem da cidade e a paz retorna[14]. O mesmo acontece nas cidades de Siena, Bolonha e Roma[15], sem falar de sua cidade natal, Assis, onde restabelece a paz entre nobres e povo, entre podestades e bispo[16].

É uma paz que se estende a *toda a criação*. O *fioretto* do lobo da cidade de Gubbio é inteiramente marcado pela palavra "paz", que ali

---

[10] *Esp. perf.*, I, 26 (FF 1711).
[11] *Três companheiros*, VIII, 26 (FF 1428).
[12] *Fioretti*, XVIII (FF 1848).
[13] Tomás de Celano, *Vida segunda*, CVII, 146 (FF 730).
[14] Ibid., LXIV, 108 (FF 695).
[15] *Fioretti*, CI (FF 1839); *Crônicas e testemunhos* (FF 2252.2292).
[16] *Leg. Per.*, XXI (FF 1852).

aparece pelo menos sete vezes. Ele tem um significado simbólico de retorno à paz originária entre o homem e as outras criaturas. "Quero, irmão lobo, fazer a paz entre ti e eles, de modo que não os ofenda mais, e eles te perdoem todas as ofensas passadas, e nem os homens nem os cães continuem a te perseguir."[17]

Não sabemos se a oração: "Senhor, fazei de mim um instrumento de vossa paz", atribuída a Francisco pela tradição, de fato é dele, mas uma coisa é certa: ela se realizou nele como talvez em nenhum outro.

O segredo desta paz

De onde nasce e qual é o segredo da paz de Francisco? Ela tem antes de tudo um fundamento teológico. Nasce de um senso muito vivo da paternidade de Deus. Na primeira *Regra*, ele traz como diretriz para seus frades a fala de Cristo: "Todos vós sois irmãos. Não chameis de vosso pai ninguém na terra, porque um só é o vosso Pai, aquele que está nos céus (cf. Mt 23,9)"[18]. Francisco "quis colocar o mundo em estado de fraternidade"[19]. A paz de Francisco é um corolário da fraternidade de todas as criaturas.

Mas a fonte imediata dessa paz é cristológica. Não é uma paz genérica, nem tampouco o *shalom* bíblico do Antigo Testamento; é "a paz de Cristo" (Cl 3,15). Esta paz, resumo de toda a obra redentora de Cristo, não a aprendeu dos livros por intermédio de exegeses, mas a absorveu por osmose da contemplação do Crucificado. O Crucificado de São Damião que lhe falou no início da conversão ("Vai, Francisco, e restaura a minha Igreja..."), e diante do qual quem sabe quantas vezes voltou depois para rezar, reúne a tradição antiquíssima da "cruz cósmica". O braço vertical da cruz une céu e terra (parte, embaixo, da representação dos justos que estão sob a terra e termina, no alto, com o Cristo ressuscitado que bate às portas do céu). O braço horizontal une uns aos outros judeus e gentios, ou seja, os diversos povos

---

[17] *Fioretti*, XXI (FF 1852).
[18] *Regra não bulada*, XXII (FF 61).
[19] VERREUX, D., in *Saint François d'Assise. Documents*, Paris, Editions Franciscaines, 1981, 36.

da terra. Nos lados deste braço se veem duas figuras femininas, uma das quais representa a Igreja e a outra a Sinagoga. Mas, enquanto em outras representações como essa a primeira é impelida por um anjo para o Crucificado, ao passo que a segunda, a Sinagoga, é afastada dele, aqui ambas olham para o Crucificado. É a interpretação fiel de Efésios 2,14-18: o Cristo que na cruz destruiu em si mesmo a inimizade e fez paz, reconciliando todas as duas com Deus num só corpo e tornando-se ele mesmo "a nossa paz".

O Crucifixo de São Damião, o mais reproduzido hoje em todo o mundo, é um poderoso anúncio de paz, é a síntese de tudo o que a Bíblia nos diz sobre ela. Na sua progressiva identificação com o Crucificado, que culminou nos estigmas, esta paz se transferiu para Francisco, que se tornou realmente "um instrumento", ou melhor, "um canal" da paz de Deus. Ele também destruiu em si mesmo a inimizade. No coração de Francisco não há lugar para nenhuma inimizade. Numa época em que todos estavam em luta com alguém: os plebeus contra os nobres, os leigos contra o clero, e em que até os santos estavam envolvidos numa luta sem tréguas contra sarracenos, cátaros, albigenses e as várias seitas heréticas, ele prodigiosamente se absteve de toda luta, de toda guerra santa, até mesmo de toda crítica contra alguém. Não quis estar "contra" ninguém. As únicas críticas da sua vida são as dirigidas a si mesmo ou a seus frades que não observavam o espírito da Regra.

A paz que anunciais com os lábios, deveis tê-la no coração

A *Legenda dos três companheiros* traz esta recomendação de Francisco: "A paz que anunciais com os lábios, deveis tê-la ainda mais abundante em vossos corações"[20]. Aqui o discurso nos toca diretamente e nos ajuda a descobrir como também nós podemos nos tornar "instrumentos de paz".

Um ditado antigo, hoje contestado, dizia: "Se vis pacem, para bellum". Mas há um sentido em que esse ditado é inquestionável. Se você quer a paz, prepare-se para a guerra... consigo mesmo. Na Ásia

---

[20] *Três companheiros*, XIV, 58 (FF 1469).

Menor, foi descoberta, entre as pedras de uma mesquita, uma cópia do famoso "Índice dos próprios feitos" do imperador Augusto. Ali ele fala também da *pax Romana* por ele estabelecida no mundo e a define como *parta victoriis pax*, uma paz obtida mediante sucessivas vitórias[21]. A paz de Cristo também é obtida com sucessivas vitórias, mas vitórias sobre si mesmo, não sobre inimigos externos; uma paz na qual não existem vencedores e vencidos. "Por meio da cruz – está escrito –, desfez em sua pessoa a inimizade" (cf. Ef 2,16): "a inimizade", não o inimigo; "em si mesmo", não nos outros. Jesus tinha razão ao dizer: "Eu vos deixo a paz; dou-vos minha paz. Eu vo-la dou, não como a dá o mundo" (Jo 14,27). O mundo dá a "palavra" paz, mas não a "coisa" significada pela palavra, ou, se a dá, é a paz de Augusto, não a de Deus.

"Donde vêm as guerras? Donde vêm os conflitos entre vós? Não é precisamente de vossas paixões que lutam em vossos membros?" (Tg 4,1). Essa explicação de São Tiago é uma explicação da guerra, menos simplista do que se pensa. Quem pode dizer, por exemplo, qual o papel, nos recentes atos terroristas, do desejo que havia no coração de algumas pessoas de fazer com que falassem delas, de impressionar todo o mundo com ações chocantes, e, portanto, da vaidade? Pascal disse que a vaidade humana pode chegar ao ponto de "abrir mão até mesmo da vida desde que as pessoas falem dela"[22].

A paz não se faz como a guerra. Para fazer a guerra, são necessários longos preparativos, formar grandes exércitos, preparar estratégias e depois movimentar-se em conjunto para o ataque. Ai de quem quisesse começar primeiro, sozinho e aos poucos: estaria destinado ao inevitável fracasso. A paz se faz exatamente ao contrário: aos poucos, começando logo, no início, até sozinho, mesmo com um simples aperto de mãos. Milhares de gotas de água suja jamais farão um oceano limpo; assim, milhões de homens sem paz em seu coração jamais farão uma humanidade em paz. Uma das mensagens de João Paulo II

---

[21] *Monumentum Ancyranum*, Berlin, ed. Th. Mommsen, 1883.
[22] Pascal, B., *Pensamentos*, 147 (ed. Brunschvicg).

para a Jornada da Paz, a de 1984, trazia como título: "A paz nasce de um coração novo". É a mesma ideia expressa por Francisco.

Nesse aspecto há um interessante ponto de convergência entre cristianismo e budismo que vale a pena destacar, uma vez que o encontro de Assis será o encontro entre as várias religiões. Paz indica a meta final de tudo, o sucesso supremo da aventura humana. *Requiescat in pace*, descanse em paz, é o voto que fazemos a quem deixa esta vida; "*In pace*" ou "*In pace Christi*" é a inscrição que se lê com mais frequência nos sarcófagos antigos ou nos túmulos dos cristãos.

Nesse sentido, a paz ocupa, na visão cristã, um lugar análogo ao que ocupa o *nirvana* na religião budista. *Nirvana* é interpretado como negação e fim do sofrimento, como esgotamento da paixão; *paz* (que deriva da mesma raiz de *apagamento*) indica não a extinção, mas a realização de todos os desejos; é afirmação, não negação. Mas os dois ideais não são incompatíveis entre si a ponto de excluir uma fecunda comparação. O *nirvana* indica o aspecto negativo da paz, e a paz o aspecto positivo do *nirvana*. A afinidade é até maior se aceitamos a interpretação de Gandhi, para quem o *nirvana* não é a dissolução de toda consciência individual e a extinção de tudo, mas apenas do que existe de baixo e mau na natureza e nos desejos humanos, para dar lugar à "viva paz e consciente felicidade da alma que encontrou seu descanso no coração do Eterno"[23]. Neste caso, o *nirvana* é muito semelhante à mortificação cristã, ao nosso "fazer morrer as obras da carne para viver segundo o espírito" (cf. Rm 8,13).

No entanto, a paz do coração, na perspectiva cristã, não se obtém apenas pela via ascética, lutando contra as paixões, mas também e sobretudo por graça. Ela é um "fruto do Espírito" (Gl 5,22), ou seja, algo que nasce do esforço da nossa liberdade fecundada e sustentada pelo Espírito Santo. Também a paz social, não apenas a do coração, é fruto do Espírito de Deus que, como diz um texto da *Gaudium et spes*, está presente na evolução da ordem social e "com admirável providência dirige o curso dos tempos e renova a face da terra"[24].

---

[23] GANDHI, M. K., *Buddhism and Theosophy*, Ahmedabad, The Navajina Trust, 1962.
[24] *Gaudium et spes*, 26.

O Espírito Santo e a paz compartilham o mesmo símbolo da pomba e na tarde de Páscoa Jesus conferiu aos discípulos, de uma só vez, as duas coisas juntas: "A paz esteja convosco [...]. Recebei o Espírito Santo" (Jo 20,21-22). É ao Espírito Santo que a Igreja, no *Veni creator*, pede a paz: "*Hostem repellas longius / pacemque dones protinus*", afasta de nós o inimigo e dá-nos logo a paz. Pergunto-me se uma mensagem para a Jornada da Paz não poderia ter precisamente este título: "A paz fruto do Espírito", ou "Não há paz sem escuta do Espírito".

Paz e perdão

Falando da paz do coração, não podemos deixar de falar do perdão. A mensagem do Santo Padre para a próxima Jornada da Paz é: "Não há paz sem justiça, não há justiça sem perdão". Acredito que Francisco tem algo a nos dizer a esse respeito. Ele conseguiu que o bispo e o podestade de Assis fizessem a paz precisamente inculcando o perdão. (O bispo tinha excomungado o podestade, e este tinha decretado o embargo ao bispo, de modo que ninguém poderia vender ou comprar dele coisa alguma.) Francisco, doente e próximo do fim, sofria com essa situação como se o afetasse pessoalmente; dizia aos frades: "Grande vergonha é para nós, servos de Deus, que o bispo e o podestade assim se odeiem mutuamente, e ninguém se encarregue de estabelecer a paz e a concórdia entre eles".

Compôs, então, uma nova estrofe a ser acrescentada ao seu *Cântico do Irmão Sol* e enviou alguns frades para que a cantassem na presença das partes rivais que fizera reunir no bispado. Ela indicava precisamente no perdão o caminho da reconciliação e da paz: "Louvado sejas, meu Senhor, por aqueles que perdoam por teu amor". O amor de Francisco fez o milagre; bispo e podestade pediram perdão um ao outro, cada qual reconhecendo o próprio erro, se abraçaram e se reconciliaram em meio à comoção geral[25].

Sabemos quantas objeções este método evangélico do perdão suscita. Contudo, não apenas a fé e o Evangelho, mas também a expe-

---

[25] *Esp. perf.*, IX, 101 (FF 1800).

riência humana, mostram que é a arma vitoriosa. Nada é melhor para desarmar raivas e inimizades que o ato de humildade de quem pede e oferece o perdão. O escritor italiano Alessandro Manzoni deu-nos a apresentação mais convincente do poder "desarmante" que há em pedir perdão. Antes de se tornar frade, frei Cristóvão, numa briga, matou sem querer o rival. Ao terminar o noviciado, pediu para ir até a família do falecido para pedir perdão. Todos os parentes estão ostensivamente lado a lado no salão e nas escadas para tornar o ato do frade ainda mais humilhante. Todos estão empertigados e prontos para a desforra. Mas, ao ver o frade que, com o olhar baixo, pede perdão a todos, um a um aqueles rostos altivos se inclinam, envergonhados da própria presunção. E ao final, na comoção geral, todos o rodeiam, competindo para lhe manifestar sinais de respeito[26]. Quantas vezes vimos a mesma mudança se repetir diante do papa que pedia e oferecia o perdão em nome da Igreja!

Como seria bom se os políticos se convencessem disso! Não é verdade que o Evangelho só funciona nos assuntos da Igreja; funciona nos assuntos humanos! Não podemos pedir que os políticos se humilhem e peçam perdão aos adversários internos ou aos inimigos externos. Mas podemos pedir que se sentem a uma mesa de negociações; que se encontrem e, em casos insolúveis, aceitem mediadores de paz (que é uma maneira implícita de perdoar e de pedir perdão), isso sim!

Francisco, pioneiro do diálogo com o islã

No entanto, antes de pedir isso aos poderosos da terra e aos políticos, os religiosos devem fazer um exame de consciência. Tocou-me a frase que em seu drama Claudel põe nos lábios de um príncipe romano, na época em que a França defendia o *status quo* na Itália e em Roma, contra a política dos piemonteses: "A França, através de todas as suas revoluções, quer o papa imóvel em Roma"[27]. Seria triste

---

[26] MANZONI, A., *I Promessi Sposi*, cap. IV [ed. port.: *Os noivos*, trad. José Colaço Barreiros, Lisboa, Paulinas, 2015].
[27] CLAUDEL, P., *Le Pére humilié*, at. I, cena 3, in *Théatre*, II, Paris, Gallimard, 1956, 503 [ed. bras.: *O pai humilhado: drama em quatro atos*, trad. H. D. Baggio, Petrópolis, Vozes, 1967].

ter de dizer algo semelhante sobre as religiões: "As religiões, através de todas as suas lutas e divisões, pedem aos Estados para viver em paz entre si".

Temos de ser gratos ao Santo Padre, que teve a coragem de se tornar promotor dessa mudança de atitude entre as religiões, do confronto ao diálogo, e não apenas com *slogans* bombásticos escritos nos livros, mas com gestos concretos e corajosos. No passado, a fronteira do diálogo era aquela das várias Igrejas cristãs entre si; agora o horizonte se ampliou: a nova fronteira é o diálogo entre as religiões. Para ele, nós cristãos deveríamos comparecer unidos, se possível com gestos pensados em conjunto. O diálogo inter-religioso não relega o diálogo ecumênico a segundo plano, mas o torna mais urgente.

A escolha de Assis como lugar de encontro entre as religiões, neste momento histórico específico, tem uma razão ulterior, além do fato genérico de que Francisco foi um homem de paz. Foi ele que inaugurou o diálogo entre cristianismo e islã[28]. Liberto de todos os acréscimos e embelezamentos posteriores, como a prova de fogo para a qual Francisco desafiaria os doutores islâmicos (o detalhe imortalizado no afresco de Giotto em Assis), o fato é atestado não apenas pelas fontes franciscanas, mas pelo cronista contemporâneo e bispo da vizinha Acri, Jacques de Vitry[29], e até, ao que parece, por fontes muçulmanas[30]. Por volta do final do verão de 1219, durante o sítio de Damieta, no Egito, Francisco saiu com um companheiro do campo cruzado e pediu que os guardas inimigos que o prenderam o levassem até o sultão al-Kamil.

Não sabemos o que os dois realmente disseram um ao outro. Mas ao voltar à Itália, na *Regra não bulada*, Francisco definiu como os frades "que estão entre os sarracenos e outros infiéis" deviam comportar-se:

> Os frades que estão entre os infiéis podem comportar-se entre eles de dois modos. Um modo é que não façam litígios nem contendas, mas *es-*

---

[28] BASETTI SANI, G., *L'Islam e Francesco d'Assisi*, Firenze, La Nuova Italia, 1975.
[29] JACQUES DE VITRY, *Historia occidentalis*, I, 2, 32 (FF 2212).
[30] Cf. CARDINI, F., *Francesco d'Assisi*, Milano, Mondadori, 1989, 198s.

tejam submetidos a toda criatura humana por amor a Deus (1Pd 2,13) e confessem que são cristãos. O outro modo é que, quando virem que agrada ao Senhor, anunciem a palavra de Deus para que creiam em Deus onipotente Pai e Filho e Espírito Santo, criador de todas as coisas, e no Filho Redentor e Salvador[31].

Certamente ele próprio se comportou assim. Não fez contendas e não lançou desafios, mas falou de Jesus Cristo ao Sultão, com todo o fervor que tinha no coração, ou ao menos tentou fazê-lo. Sem dúvida, não podemos dizer que Francisco era alguém disposto a relativizar Cristo ou propenso ao sincretismo. Precisamente o seu profundo apego a Cristo lhe dava um espírito universal, capaz de respeitar a todos, de se alegrar com o bem que havia no outro e de considerar todos irmãos.

Diante desse gesto, nós, cristãos, geralmente colocamos em evidência o espírito irenista de Francisco, sua coragem, a confiança que deposita no interlocutor muçulmano. Mas talvez não levemos muito em conta a magnanimidade demonstrada pelo Sultão. Ao evocar esse episódio, Dante Alighieri fala do "Sultão soberbo". Mas não é soberbo um príncipe que aceita receber um homem descalço e esfarrapado, sem títulos e sem oferendas, e que o deixa ir embora com presentes, dizendo-lhe (frase bastante comprovada): "Reza por mim, para que Deus se digne me mostrar qual lei e qual fé lhe é de mais agrado"[32].

Assim, esse foi de fato o início, ainda que não oficial, de um diálogo entre o cristianismo e o islã. Em certo sentido, os representantes islâmicos que foram até Assis em 24 de janeiro apenas estavam retribuindo a visita de Francisco.

O Pobrezinho também se mostrou capaz de aprender algo do mundo islâmico. De fato, muitos estudiosos estão convencidos de que ele se inspirou no que vira o muezim fazer no Oriente quando, na *Carta aos governantes dos povos*, escreve:

---

[31] *Regra não bulada*, XVI (FF 43).
[32] Jacques de Vitry, *Historia occidentalis*, I, 2, 32 (FF 2212).

E deveis dar ao Senhor tanta honra entre o povo a vós confiado, que a cada tarde um pregoeiro proclame ou outro sinal anuncie que sejam prestados louvores e graças ao Senhor Deus Onipotente por todo o povo[33].

De uma parte e de outra temos algo a aprender desse longínquo episódio: os cristãos, a transmitir um olhar positivo sobre o islã e a ter confiança no diálogo; os muçulmanos, a permitir que os cristãos falem de Jesus também em seus países, assim como o Sultão o permitiu a Francisco, sem por isso prendê-lo ou condená-lo à morte.

Eu dizia no início que os santos são a demonstração de que a paz realmente foi abundante na terra com a vinda de Cristo. Não como uma paz caída pronta do céu de uma vez por todas, mas como possibilidade de fazê-la sempre de novo, de fazer com que a paz volte a triunfar depois de cada guerra. "A tempestade procura ter fim na paz, mesmo que lute contra a paz com toda a sua fúria."[34] A história humana, através de todos os seus conflitos e suas guerras, também busca a paz. Cristo nos deu um motivo novo e determinante para não desistir nesta busca: "Felizes os promotores da paz, porque serão chamados filhos de Deus" (Mt 5,9). Francisco é um dos tantos exemplos de que sua bem-aventurança não caiu no vazio.

Um famoso cantor italiano, que também admirava Jesus como poucos, diz numa de suas baladas:

E morreu como todos morrem
como todos mudando de cor.
Não se pode dizer que de muito serviu
porque não se apagou o mal da terra[35].

Não podemos aceitar esta tese, tantas vezes repetida. Jesus não veio para eliminar o sofrimento, mas para redimi-lo. Não é verdade que

---

[33] In FF 213.
[34] TAGORE, R., *Gitanjali*, 38.
[35] DE ANDRÉ, F., *Si chiamava Gesù* [*Seu nome era Jesus*. Original italiano: "E morì come tutti si muore/ come tutti cambiando colore./ Non si può dire che sia servito a molto/ perché il male dalla terra no fu tolto"].

nada mudou. Sua morte não eliminou o mal, mas criou a possibilidade de derrotar o mal com o bem, que é algo muito mais sublime. De fato, de que serviria o bem, se o mal não existisse? E o que saberíamos da paz, neste mundo, se não conhecêssemos a guerra?

Assim, neste Natal, podemos acolher e fazer ecoar no mundo, com renovada fé e infinita gratidão, o anúncio dos anjos: "Paz na terra aos homens de boa vontade". Que nos ajude a fazê-lo Maria, Rainha da Paz, que a liturgia nos oferece como guia na última semana do Advento. Ela foi, até fisicamente, um "canal" de paz, porque foi através dela que, no Natal, a Paz entrou no mundo.

Acompanhemos com a oração o Santo Padre, no delicado encontro do próximo dia 24 de janeiro na terra de Francisco, repetindo com ele e por ele uma oração que, se não foi de fato escrita pelo Pobrezinho, certamente foi por ele vivida:

> Senhor, fazei de mim um instrumento de vossa paz.
> Onde há ódio, que eu leve o amor,
> onde já ofensa, que eu leve o perdão,
> onde há discórdia, que eu leve a união,
> onde há erro, que eu leve a verdade,
> onde há desespero, que eu leve a esperança,
> onde há trevas, que eu leve a luz,
> onde há tristeza, que eu leve a alegria.

VII
"ALTÍSSIMO, ONIPOTENTE, BOM SENHOR!"*

Como nasce o Cântico

"Imagine o universo inteiro começando a cantar e fazer ecoar a voz dele. Já não são simples vozes humanas, mas planetas e sóis em rotação." Essas palavras, que Gustav Mahler escreveu a um amigo anunciando-lhe a sua *Sinfonia dos mil*, aplicam-se ainda melhor ao *Cântico das criaturas* de São Francisco.

As fontes franciscanas nos informam das circunstâncias em que vem à luz este jorro de oração e de puríssima poesia – incomparável hino à vida e à morte – com que começa a literatura italiana. Estamos no ano de 1224, pouco tempo antes da morte de Francisco. Cheio de dores atrozes e de doenças, o Santo se refugiou em Assis, com Clara e as irmãs. Uma noite em que chegara ao extremo das forças, dirigiu-se ao Senhor, que o reconfortou fazendo-o ver qual seria a recompensa dos seus sofrimentos e dando-lhe a certeza de sua salvação eterna. Reconciliado com seu padecimento, num ímpeto de alegria espiritual, o Pobrezinho disse aos irmãos que o assistiam:

> Por isso, para seu louvor e minha consolação e para a edificação do próximo, quero compor um novo *Louvor ao Senhor* por suas criaturas. Todos os dias nos servimos das criaturas e sem elas não podemos viver. Nelas o gênero humano ofende muito o Criador. E todos os dias nos mostramos ingratos por este grande benefício, e não louvamos como de-

---

* Escrito como prefácio da obra musical *Il Cantico delle creature* do Maestro da Capela Sistina, Giuseppe Liberto, Assisi, Edizioni Porziuncola, 2006.

veríamos o nosso Criador e doador de todos os bens. E, sentando-se, passou a meditar e depois disse: "*Altíssimo, onipotente, bom Senhor...*"[1].

Mas o *Cântico das criaturas* de Francisco não é, na realidade, um texto "improvisado". É a marca de toda uma vida vivida no louvor entusiasta de Deus e na admiração diante da criação. "Provas" do *Cântico* são os *Louvores a Deus Altíssimo*, a "oração para dar graças", "os louvores para todas as horas", a "exortação ao louvor de Deus" e o incandescente capítulo XXIII da *Regra não bulada*[2]. A grande novidade do *Cântico das criaturas* em relação aos textos precedentes é que nele Francisco abandona o latim e se expressa livremente em italiano vulgar, a língua que o povo italiano agora sente como sua. Faz, muito antes deles, o que farão Dante Alighieri e Petrarca ao passar de suas eruditas obras em latim às rimas em vulgar.

A "estrutura" do Cântico

Francisco certamente não se preocupou em dar ao seu *Cântico* uma "estrutura". No *Cântico*, a ausência de um projeto preconcebido e de toda preocupação com a sistematicidade se evidencia pela total ausência dos animais – pássaros, bichos, peixes –, não obstante a linda relação que o Santo tinha com eles e que inspirou alguns célebres *fioretti*, como os do lobo da cidade de Gubbio e da oração aos pássaros.

No entanto, no *Cântico* é evidente a presença de certa estrutura. Não como um esquema preconcebido e em seguida preenchido de conteúdo, mas como uma organização espontânea da matéria no ímpeto da inspiração. Ter sob os olhos o texto completo do *Cântico* tornará mais fácil apreender esta sua estrutura interna:

Altíssimo, onipotente, bom Senhor,
teus são o louvor, a glória, a honra
e toda a bênção.

---

[1] *Leg. Per.*, 43 (FF 1592).
[2] Ver, respectivamente, FF 63.261.264.265.

Só a ti, Altíssimo, são devidos;
e homem algum é digno de te mencionar.
Louvado sejas, meu Senhor,
com todas as tuas criaturas,
especialmente o senhor irmão Sol,
que clareia o dia e com sua luz nos alumia.

E ele é belo e radiante
 com grande esplendor:
de ti, Altíssimo, é a imagem.

Louvado sejas, meu Senhor,
pela irmã Lua e pelas Estrelas,
que no céu formaste claras
e preciosas e belas.

Louvado sejas, meu Senhor,
pelo irmão Vento,
pelo ar, ou nublado,
ou sereno, e todo o tempo
pelo qual às tuas criaturas dás sustento.

Louvado sejas, meu Senhor,
pela irmã Água,
que é mui útil e humilde
e preciosa e casta.

Louvado sejas, meu Senhor,
pelo irmão Fogo,
pelo qual iluminas a noite,
e ele é belo e jucundo
e vigoroso e forte.

Louvado sejas, meu Senhor,
por nossa irmã a mãe Terra,
que nos sustenta e governa,
e produz frutos diversos
e coloridas flores e ervas.

Louvado sejas, meu Senhor,
pelos que perdoam por teu amor,
e suportam enfermidades e tribulações.

Bem-aventurados os que sustentam a paz,
porque por ti, Altíssimo, serão coroados.

Louvado sejas, meu Senhor,
por nossa irmã a Morte corporal,
da qual homem algum pode escapar.

Ai dos que morrem em pecado mortal!
Felizes os que ela achar
conformes à tua santíssima vontade,
porque a morte segunda não lhes fará mal!

Louvai e bendizei a meu Senhor,
e dai-lhe graças,
e servi-o com grande humildade.*

O olhar de Francisco parte de Deus Altíssimo; é ele a fonte e a origem de tudo. A mística Ângela de Foligno, que viveu a poucos anos (e a poucos quilômetros) de distância de Francisco, disse dele: "Duas coisas nos ensinou nosso glorioso pai São Francisco. A primeira é nos recolher em Deus e mergulhar completamente nossa alma em sua infinitude"[3]. É exatamente o que Francisco faz no início do *Cântico*.

Descendo de Deus, o olhar de Francisco se detém nas criaturas que estão no céu: o sol, a lua, as estrelas, a atmosfera com seus fenômenos, vento, sereno, chuva (para Francisco não existe a distinção entre "tempo bom" e "tempo ruim"; todo tempo, até o nublado, é bom, porque, a seu modo, serve para nosso sustento); do céu a atenção se transporta para a terra com tudo o que a preenche e a embeleza: água, fogo, plantas, ervas, flores e frutos.

---

* O belíssimo *Cântico* está escrito em italiano antigo. A tradução aqui reproduzida é de Leonardo Boff e está disponível em: <https://franciscanos.org.br/carisma/simbolos/o-cantico-das-criaturas>, acesso em: out. 2019. (N. da T.)

[3] *Il libro della B. Angela da Foligno*, Grottaferrata, Quaracchi, 1985, 474.

Sabe-se que num primeiro momento o *Cântico* terminava aqui. Uma circunstância histórica levou Francisco a acrescentar quase em seguida a estrofe sobre o perdão. Um acirrado conflito dividia o bispo e o podestade de Assis, e o Pobrezinho, homem de paz, não queria morrer sem vê-los reconciliados. "Grande vergonha é para nós, servos de Deus – exclamou, dirigindo-se aos frades –, que o bispo e o podestade assim se odeiem mutuamente, e ninguém se encarregue de estabelecer a paz e a concórdia entre eles." Então enviou alguns frades para que cantassem "com devoção" o *Cântico* com a nova estrofe na presença dos dois adversários, que, comovidos pela solicitude de Francisco, fizeram as pazes[4].

Enfim, sentindo a proximidade da hora de sua morte, "apesar de alquebrado pelas enfermidades", o Santo acrescentou a última estrofe sobre a "irmã Morte" e quis que lhe fosse cantado pela última vez por seus frades[5].

No entanto, as duas últimas estrofes não são partes "acrescentadas"; são, em certo sentido, partes "faltantes", no sentido de que eram requeridas pela lógica interna do *Cântico*. O movimento não podia se encerrar sem chegar ao homem. Também o *Cântico* dos três jovens na fornalha (Dn 3,51-90) e o Salmo 148, os dois textos bíblicos mais próximos do texto de Francisco, depois de passar pelo céu, pelo ar, pela terra e pelo mar, terminam convidando à bênção de Deus os "filhos do homem", "os reis da terra e todos os povos, os governantes e os juízes da terra, os jovens e as jovens, os velhos juntamente com as crianças".

Na Bíblia (Sb 13,1 e Rm 1,20) encontramos a afirmação de que, partindo das criaturas, o homem pode descobrir a existência e as perfeições de Deus. Com base nessa afirmação, o discípulo do Pobrezinho, São Boaventura, construirá o seu célebre *Itinerário da mente para Deus*. Francisco segue o movimento inverso: não das criaturas para Deus, mas de Deus para as criaturas. O motivo dessa escolha é simples: sua intenção não é apologética ou filosófica, mas doxológica; ele não está empenhado em demonstrar a existência de Deus, mas em louvá-lo.

---

[4] *Leg. Per.*, 44 (FF 1593).
[5] Ibid., 100 (FF 1656); Tomás de Celano, *Vida segunda*, CLXIII, 217 (FF 808).

Um comentário

Sem pretender fazer um comentário sistemático, vamos retomar o texto do *Cântico* para obter alguns pontos que nos levem a apreender a alma da obra e do seu autor. Para tanto, são fundamentais os dois primeiros versos do *Cântico*. Eles revelam qual ideia Francisco tinha de Deus:

> Altíssimo, onipotente, bom Senhor, teus são o louvor, a glória, a honra e toda a bênção. Só a ti, Altíssimo, são devidos; e homem algum é digno de te mencionar.

Observou-se que a aproximação da realidade divina do horizonte de uma criatura costuma produzir dois sentimentos contrapostos: um de temor e um de amor. Deus se apresenta como "o mistério tremendo e fascinante", tremendo por sua majestade, fascinante por sua bondade[6]. Quando a luz de Deus pela primeira vez brilhou na alma de Agostinho, ele confessou que "tremeu de amor e de terror" e que mesmo depois o contato com Deus o fazia "arrepiar-se e arder"[7] ao mesmo tempo.

É o que observamos no início da própria oração do *Pai-nosso*. A primeira parte da invocação, *Pai nosso* (no original, *Abbà, papai!*), exprime proximidade, ternura paterna e inspira confiança, familiaridade; a segunda parte, "que estás nos céus", exprime grandeza, transcendência e incute reverência e sagrado temor. Para um judeu, estar "nos céus" significava ser altíssimo, acima de nós, "alto como é o céu sobre a terra" (cf. Is 55,9).

Francisco reflete essa ideia eminentemente bíblica de Deus. Deus é para ele altíssimo, onipotente, e o homem não é digno sequer de pronunciar o nome dele...; mas ao mesmo tempo é um "Senhor bom". Os

---

[6] Cf. OTTO, R., *Il sacro*, Milano, Feltrinelli, 1966 [ed. bras. *O sagrado: aspectos irracionais na noção do divino e sua relação com o racional*, tradução Walter O. Schlupp, São Leopoldo, Sinodal, EST; Petrópolis, Vozes, 2007].
[7] Cf. AGOSTINHO, *Confissões*, VII, 16; XI, 9.

homens da Idade Média conheciam bem a diferença entre um senhor "bom", ou seja, afável, próximo do povo, e um despótico, avarento e inacessível! Observamos a mesma percepção de Deus no *Magnificat* de Nossa Senhora. Ali, Deus é cantado como Senhor, onipotente, santo: títulos que evocam o poder, a majestade e a santidade de Deus; mas esta infinita transcendência aparece também como infinita proximidade e imanência no momento em que Maria define Deus como "meu Salvador".

Assim, no *Cântico* de Francisco não há nenhum vestígio daquele sentimento pânico e panteísta que às vezes acompanha a contemplação da natureza por parte dos poetas. Desde o início, a transcendência de Deus é resguardada. "Louvado sejas, meu Senhor, com todas as tuas criaturas" não significa que as criaturas devem ser louvadas do mesmo modo que Deus, mas por causa de Deus, que é seu criador. A distância infinita entre Deus e as coisas está contida no próprio título de "criaturas" dado às coisas.

Sempre se dirigindo diretamente a Deus, Francisco começa agora a resenha das criaturas, *por causa* das quais, ou (segundo outros significados possíveis da preposição "por") *a partir* das quais e *juntamente com* as quais, se sente impelido a louvar e bendizer o Senhor[8]. Entre elas, o primeiro lugar cabe ao "senhor irmão Sol", tanto que em alguns manuscritos o *Cântico* é mencionado como *Cântico do Irmão Sol*. O título de "senhor", usado em sua época como título de respeito pelas pessoas, acentua "a humanização" do sol e prepara o título de irmão.

O sol "tem o significado" de Deus porque "Deus é luz e nele não há nenhuma espécie de trevas" (1Jo 1,5). Não podemos olhar diretamente para o sol sem perigo para nossos olhos, mas só no reflexo, na luz que expande todas as coisas; do mesmo modo, não podemos ver Deus como ele é, na sua essência, mas apenas como reflexo nas coisas por ele criadas. O sol brilha sobre todos; se alguém não o vê, isso não significa que o sol não brilha, mas sim que quem não o vê é cego.

---

[8] Gianfranco Contini dedicou todo um ensaio ao significado da preposição "por" no *Cântico*, em *Poeti del Duecento*, I, Milano, Ricciardi, 1960.

Assim, dizia um antigo apologeta, se alguém não vê Deus, isso não significa que Deus não existe, mas que quem não o vê tem o olho da alma ofuscado[9].

Os adjetivos usados por Francisco são como carícias que ele faz nas coisas. Não existe nenhuma busca de efeito, mas apenas lembrança de impressões recebidas olhando-as ou passando entre elas. O sol é "belo e radiante"; a lua e as estrelas são "claras e preciosas e belas"; irmã água é "útil e humilde e preciosa e casta"; o fogo é "belo e jucundo e vigoroso e forte"; as flores são "coloridas". Belo é o adjetivo que aparece mais vezes no *Cântico* de Francisco.

Houve uma época em que a cirurgia consistia em grande parte na cauterização, ou seja, na prática dolorosíssima de, com um ferro em brasa, aplicar fogo na parte doente do corpo. Chegou até nós a oração que Francisco dirigiu ao "irmão fogo" antes de se submeter a um tratamento semelhante em seus olhos:

> Meu irmão fogo, de beleza invejável entre todas as criaturas, o Altíssimo criou-te vigoroso, belo e útil. Sê-me propício nesta hora, sê amável! Peço ao Senhor que tempere o teu ardor, de modo que eu possa suportá-lo, se me queimares com suavidade[10].

Poderíamos nos perguntar por que Francisco define a água como humilde. É evidente que ela é útil e em nossos dias temos cada vez mais consciência do quanto ela é preciosa; também é óbvio que é casta, ou seja, transparente (ao menos enquanto não a poluímos). Mas por que humilde, se sozinha ocupa quase três quartos do planeta e com seus oceanos é o próprio símbolo da imensidão e da grandeza? O motivo é simples e Francisco talvez o tenha percebido ao caminhar tantas vezes ao lado das torrentes das montanhas e dos riachos de sua Úmbria: a água sempre desce, nunca sobe, até chegar ao ponto mais baixo, o nível do mar. O vapor sobe e por isso é o símbolo tradicional do orgulho e da vaidade; a água desce e é símbolo da humildade.

---

[9] Teófilo de Antioquia, *Ad Autolico*, I, 2.
[10] Tomás de Celano, *Vida segunda*, CXXV, 125 (FF 752).

É necessário um esclarecimento sobre "nossa irmã a mãe terra". Em quase todas as culturas, a partir da grega e romana da qual somos herdeiros, está presente o tema da "Terra mãe". A Terra é vista por elas como um princípio primeiro, personificado, não raro como o correspondente feminino do Deus do céu, e venerada como uma deusa com os nomes de Deméter ou Gaia. Não é o pensamento de Francisco. O título de mãe no seu *Cântico* se refere unicamente à *função* da terra como aquela que nos alimenta. Ela é, como nós, uma criatura do próprio Pai celeste; daí o título de "irmã" que precede o de "mãe".

O *Cântico das criaturas* de Francisco não pertence ao gênero dos "idílios pastorais". O Santo não ignora que a vida é feita também de conflitos, "enfermidades e tribulações". São esses, não apenas o perdão recíproco, os temas que Francisco evoca na penúltima estrofe. Com isso, ele não silencia o entusiasmo e a alegria cantados até aqui; ao contrário, lhes dá uma razão adicional, colocando-os sob o signo da esperança cristã: "Louvado sejas, meu Senhor, pelos que perdoam por teu amor, e suportam enfermidades e tribulações. Bem-aventurados os que sustentam a paz, porque por ti, Altíssimo, serão coroados". Sente-se aqui o eco do *fioretto* da perfeita alegria:

> Ó irmão Leão, ovelhinha de Deus, ainda que o frade menor falasse com língua de anjo e soubesse o curso das estrelas e as virtudes das ervas, e lhe fossem revelados todos os tesouros da terra, e conhecesse as virtudes dos pássaros e dos peixes e de todos os animais e das pedras e das águas, escreve que não está nisso a perfeita alegria. [...] E ouve, pois, a conclusão, irmão Leão. Acima de todas as graças e dons do Espírito Santo, os quais Cristo concede aos seus amigos, está o de vencer a si mesmo e voluntariamente pelo amor de Cristo suportar penas, injúrias, opróbrios e desprezos, porque de todos os outros dons de Deus não nos podemos gloriar por não serem nossos, mas de Deus [...]. Mas na cruz da tribulação de cada aflição nós nos podemos gloriar[11].

---

[11] *Fioretti*, VIII (FF 1836): parece comprovada a historicidade substancial deste *fioretto*: cf. FF 278.

Passando das coisas ao homem, muda o motivo pelo qual Francisco louva a Deus: ele já não é a natureza, e sim a graça. O homem não é tanto motivo de louvor a Deus pelas qualidades de seu corpo quanto pelas de sua alma; não porque é "belo e robusto", mas porque perdoa por amor de Cristo e suporta todo tipo de tribulação.

Ninguém mais que Francisco conheceu a verdadeira face da morte, fruto da Páscoa de Cristo. Sua morte foi realmente uma passagem pascal, um "trânsito", e é com esse nome que ela é recordada por seus seguidores todos os anos, na noite do dia 3 de outubro. Quando se sentiu próximo do fim, ele exclamou: "Bem-vinda, minha irmã morte!"[12]. Ainda assim, quanto realismo, também acerca da morte, encontramos na última estrofe do *Cântico*:

> Louvado sejas, meu Senhor,
> por nossa irmã a Morte corporal,
> da qual homem algum pode escapar.
> Ai dos que morrem em pecado mortal!
> Felizes os que ela achar
> conformes à tua santíssima vontade,
> porque a morte segunda não lhes fará mal!

Tomás de Celano, discípulo e primeiro biógrafo do Santo, não traiu de todo o espírito de Francisco ao compor o *Dies irae*. Um pouco da dramaticidade daquela sequência já está presente nas palavras do Santo, sobretudo a violenta contraposição entre o destino dos justos e o dos réprobos.

Francisco relembra a inevitabilidade da morte, mas sobretudo evoca a terrível possibilidade da "segunda morte" (Ap 20,6). Esta é a única que realmente merece o nome de morte, porque não é uma "passagem", mas uma terrível estação final, um muro, ou melhor, um precipício cujo fundo não se atinge jamais. De fato, a morte eterna não é um ato, mas um estado; é um "eterno morrer", um precipitar-se

---

[12] Tomás de Celano, *Vida segunda*, CLXIII, 217 (FF 808s).

para a própria aniquilação sem jamais poder alcançá-la. É um buscar a morte sem poder encontrá-la, um persegui-la enquanto ela agora foge de nós (cf. Ap 9,6).

Mas até essas austeras evocações do juízo universal cedem lugar à esperança, e o último olhar de Francisco não é para os condenados, que se encaminham para a punição, mas para os bem-aventurados, que sobem para receber a coroa.

Nos versos finais, Francisco muda de interlocutor: não se dirige mais a Deus, mas aos homens seus semelhantes: "Louvai e bendizei a meu Senhor, e dai-lhe graças, e servi-o com grande humildade". A exortação, repleta de devota gratidão e de humildade, resume perfeitamente o conteúdo e o tom de toda a composição. Talvez na origem ela servisse como refrão a ser repetido depois de cada estrofe ou verso do *Cântico*.

Um canto à luz nascido na escuridão

Uma reflexão sobressai depois de retomar o *Cântico* de Francisco e ela se refere à sua dimensão mística. Mencionei as circunstâncias em que ele foi composto, mas há um detalhe que é indispensável ter presente. Francisco canta a beleza das criaturas quando não consegue enxergar nenhuma delas e até a simples luz do sol ou do fogo lhe provoca dores atrozes! Não tendo condições de suportar a luz natural durante o dia, nem a claridade do fogo durante a noite, estava sempre no escuro em casa e na cela. Além disso, "sofria noite e dia dores tão atrozes nos olhos, que quase não conseguia descansar e dormir, e isso aumentava e piorava estas e outras enfermidades"[13].

É a lógica da cruz que domina toda a vida do Pobrezinho, a lógica evangélica de morrer para viver, de não querer nada para ter tudo (cf. 2Cor 6,10). Francisco poderia fazer suas as palavras que, no drama *A Anunciação de Maria*, Paul Claudel põe nos lábios de Violaine, agora reduzida a um amontoado de sofrimentos: "Agora que estou toda des-

---

[13] *Leg. Per.*, 43 (FF 1591).

pedaçada, o perfume se espalha"[14]. Também de Francisco, despedaçado pela dor, agora se espalha o perfume, como do vaso de alabastro quebrado na casa de Simão, e é um perfume de santidade e poesia.

Podemos pensar, por analogia, em Beethoven, que, tendo se tornado surdo, não ouve e não desfruta mais, ou apenas fracamente, o som das notas que traça no papel. No entanto, a surdez não seca nele a fonte da música, mas a purifica e a afina a ponto de levá-lo a compor a Nona Sinfonia, com o sublime hino final à alegria.

As referências a obras musicais com que comecei e com que termino este meu comentário não estão fora de lugar quando se trata do *Cântico das criaturas* de Francisco. De fato, ele nasce para ser cantado, não simplesmente lido ou recitado. Palavras e música formam um todo inseparável, nascem como de um único fluxo de lava, embora não conheçamos mais a melodia que o acompanhava no início. A mesma fonte citada informa:

> Francisco compôs também a melodia, que ensinou a seus companheiros. Seu espírito estava imerso em tamanha doçura e consolação, que queria mandar buscar frei Pacífico – que no século era chamado "o rei dos versos" e foi um mestre muito cortês de cânticos – e dar-lhe alguns frades bons e espirituais, para que fossem pelo mundo pregando e louvando a Deus. Queria que primeiramente um deles, que soubesse pregar, dirigisse ao povo um sermão, ao final do qual, todos juntos, cantassem os louvores do Senhor, como jograis de Deus[15].

Nesse sentido, musicar o *Cântico* de Francisco, como muitos fizeram, é diferente de compor, por exemplo, uma melodia para a oração à Virgem de Dante, como fez Giuseppe Verdi. Não é acrescentar ao texto algo alheio à sua origem; na realidade, é "executá-lo".

---

[14] CLAUDEL, P., *A Anunciação a Maria*, ato IV, cena 3.
[15] *Leg. Per.*, 43 (FF 1592).

VIII
FRANCISCO E CLARA*

"Depois o Senhor disse: 'Não é bom que o homem esteja só. Vou fazer-lhe uma auxiliar semelhante a ele'" (Gn 2,18). E foi assim que foi criada Eva. Deus repetiu essas palavras várias vezes no decorrer da história. Um dia disse: "Não é bom que Francisco esteja só. Vou fazer-lhe uma auxiliar semelhante a ele", e foi assim que foi "criada" Clara. Clara foi realmente para Francisco uma auxiliar "semelhante a ele", da mesma natureza, da mesma têmpera. Uma alma "gêmea" no sentido mais verdadeiro e mais belo.

É um lugar-comum falar da amizade entre Clara e Francisco como de um amor humano sublimado. "A relação entre Santa Clara e São Francisco – escreve o sociólogo Francesco Alberoni – tem todas as características de um enamoramento transferido (ou sublimado) para a divindade." Como todo homem, ainda que santo, Francisco pode ter experimentado o chamado da mulher e do sexo. As fontes relatam que, para vencer uma tentação desse tipo, Francisco certa vez rolou na neve durante o inverno. Mas não se tratava de Clara! Quando um homem e uma mulher estão unidos em Deus, este vínculo, se é autêntico, exclui toda atração de tipo erótico, sem nenhuma luta. É como que resguardado. É outro tipo de relação.

A opinião de psicólogos e sociólogos a esse respeito é, portanto, compreensível e talvez inevitável. "O homem com sua própria inteligência – escreve São Paulo – não percebe o que vem do Espírito de Deus: essas coisas são sem sentido para ele [...], porque é preciso examiná-las espiritualmente." Em outras palavras, é preciso fazer expe-

---

* Publicado parcialmente no jornal *Avvenire*, 2 out. 2007, 25 ("Il due Poverelli e il vero Amore") e em inglês em *The Tablet*, 6 out. 2007, 12-13 ("All loves excelling").

riência dessas coisas e, para tanto, é preciso ser santos como Francisco e Clara, não basta ser psicólogos ou sociólogos.

Podemos admitir sem dificuldade a presença de um elemento erótico na relação entre Francisco e Clara, como é natural entre um homem e uma mulher, desde que entendamos a palavra *eros* no sentido explicado pelo papa Bento XVI na sua encíclica *Deus caritas est*, em que *eros* não se opõe a *agape*, mas é inseparável dele, como um dar e um receber juntos. Em outros termos, *eros* não no sentido "vulgar", sinônimo de sensual, mas no sentido "nobre", em que exprime a alegria e a admiração na presença do diferente e do belo. O tipo de *eros* que emana, por exemplo, da exclamação de Adão à vista de Eva: "Desta vez, sim! É osso de meus ossos, e carne de minha carne! Esta se chamará mulher" (Gn 2,23). Assim que o cristianismo entrou em contato com a cultura grega e conheceu o significado nobre de *eros* como a força que atrai toda criatura inteligente para a unidade e o divino, ele abandonou a rejeição inicial a esse termo, a ponto de alguns Padres não hesitarem em escrever "Deus é *eros*", onde João escrevera "Deus é *agape*" (cf. 1Jo 4,16)[1].

O entendimento extraordinariamente profundo entre Francisco e Clara que caracteriza a epopeia franciscana não vem, portanto, "da carne e do sangue". Para dar um exemplo igualmente famoso, não é como aquele entre Heloísa e Abelardo. Se fosse assim, talvez tivesse deixado uma marca na literatura, mas não na história da santidade. Com uma conhecida expressão de Goethe, poderíamos dizer que entre eles havia uma "afinidade eletiva", desde que entendamos "eletiva" não apenas no sentido ativo de pessoas que fizeram as mesmas escolhas, mas sobretudo no sentido passivo de pessoas que foram escolhidas, "eleitas", por Deus para um mesmo objetivo.

Antoine de Saint-Exupéry escreveu que "amar-se não quer dizer olhar um para o outro, mas olhar juntos na mesma direção". Clara e Francisco realmente não passaram a vida olhando um para o outro, sentindo-se bem juntos. De acordo com as fontes biográficas, troca-

---

[1] Pseudo-Dionísio Areopagita, *Os nomes divinos*, IV, 12 (PG 3, 709).

ram pouquíssimas palavras um com o outro. Havia uma impressionante reserva entre ambos, a ponto de o Santo ser às vezes recriminado amavelmente por seus frades por ser demasiado duro com Clara. Foi por insistência deles que, de acordo com os *Fioretti*, ele aceitou fazer com ela e as irmãs a famosa refeição que acabou num incêndio espiritual, visível a quilômetros de distância![2]

A esse respeito, em Assis circula uma graciosa legenda. Um dia Francisco e Clara se encaminham para São Damião discorrendo sobre coisas espirituais. É inverno e a estradinha do campo está ladeada de sebes de pilriteiros. Ao chegar o momento de se despedir, Clara pergunta a Francisco: "Pai, quando voltaremos a nos ver e poderemos ainda falar de Deus?". "Quando as rosas voltarem a florescer, irmã", respondeu Francisco. Clara ficou calada e se pôs a rezar, e então, tocando a sebe de pilriteiros, Francisco percebeu que no meio deles havia rosas desabrochadas.

Só no fim da vida vemos este rigor nos relacionamentos se atenuar e Francisco buscar cada vez mais conforto e confirmação junto à sua "Plantinha". É em São Damião que se refugia próximo da morte, devorado pelas doenças, e é perto dela que entoa o *Cântico do Irmão Sol e da Irmã Lua*, com aquele elogio à "irmã Água", "utile et humile et pretiosa et casta", que parece ter escrito pensando em Clara.

Clara que, no afresco de Giotto, se inclina para beijar o corpo inanimado de Francisco em sua viagem para a sepultura, faz pensar em Maria, que no Calvário, depois do "*consumatum est*", pôde finalmente reaver todo para si o seu Jesus. Antes disso, também entre Maria e o Filho, quão pouco era o espaço dado à carne e ao sangue! Uma vez, durante a vida pública, vemos Maria obrigada a recorrer à intercessão alheia para poder falar um instante com o Filho: "Tua mãe está lá fora, está à tua procura" (cf. Mc 3,32).

A amizade de Francisco e Clara tem uma característica: não é exclusiva, não exclui os outros, os irmãos de Francisco e as irmãs de Clara, mas se derrama sobre eles. Francisco é irmão e pai de todas as

---

[2] *Fioretti*, XV (FF 1844).

irmãs; Clara é a irmã e a mãe de todos os frades. Quando a amizade entre o homem e a mulher tem essa qualidade – não possessiva, mas compartilhada –, ela se torna reminiscência da criação, volta à inocência original das relações, "retorno ao paraíso", segundo o ideal ascético dos Padres do deserto. Através da renúncia e da cruz (a cruz de Cristo!), o homem regressa ao paraíso perdido.

Em vez de olhar um para o outro, Clara e Francisco olharam na mesma direção. E sabemos qual foi para eles essa "direção": Jesus, pobre, humilde, crucificado. Clara e Francisco eram como os dois olhos que olham sempre na mesma direção. Dois olhos não são apenas dois olhos, ou seja, um olho repetido duas vezes; nenhum dos dois é apenas um olho de reserva ou de troca. Dois olhos que fixam o objeto de ângulos diferentes conferem profundidade e relevo ao objeto, permitem "envolvê-lo" com o olhar. Assim foi para Clara e Francisco. Eles olharam para o mesmo Deus, o mesmo Senhor Jesus, o mesmo Crucificado, a mesma Eucaristia, mas de "ângulos" diferentes, com dons e sensibilidades próprios: os masculinos e os femininos. Juntos, apreenderam mais do que poderiam fazer dois Franciscos ou duas Claras. Aqui está o mistério dessa complementaridade que a Bíblia ressalta quando diz: "Deus criou o homem à sua imagem; à imagem de Deus os criou; homem e mulher os criou" (Gn 1,27). Juntos, formam uma imagem perfeita do Deus bíblico, que é unidade e diversidade, uno e trino, unidade de amor e não de número. Assim Francisco e Clara são imagem do Cristo total, que é o esposo e a esposa unidos para formar um "mistério sublime" (Ef 5,32).

Sabemos o quanto a relação entre o homem e a mulher atualmente se deteriorou, reduzido quase que apenas, ao menos no espetáculo e na publicidade, a relação de corpos sem alma. Francisco e Clara, como outros luminosos "casais" na história da santidade cristã (Bento e Escolástica, Francisco de Sales e Joana de Chantal...), constituem um chamado para algo diferente, em que a natureza é coroada, e não destruída, pela graça.

Também no interior da Igreja temos muito a aprender. Na história da Igreja, as relações entre ordens masculinas e femininas quase sempre se configuraram como dependência e submissão das congregações femininas às correspondentes ordens masculinas. Clara e Francisco nos falam mais de complementaridade e de colaboração que de submissão. Na relação entre Francisco e Clara não há nenhum resquício daquela vontade de predomínio que muitas vezes envenena a própria expressão íntima do amor entre o homem e a mulher e a transforma mais numa agressão que num gesto de comum-união. É superada uma das tristes consequências que o pecado teve para a mulher: "Sentir-te-ás atraída para teu marido, mas este te dominará" (Gn 3,16). Neste sentido, a história de Francisco e Clara não fala hoje apenas às almas consagradas, mas é um chamado necessário a toda a sociedade.

Poderíamos recorrer a muitos exemplos para demonstrar que Clara e Francisco realmente olhavam na mesma direção. Gosto de destacar um deles: o comum amor dos dois pela Eucaristia. A Eucaristia é a coisa de que Francisco mais fala em seus escritos, até mesmo mais que da pobreza. Para ele, a Eucaristia não é apenas um mistério, um sacramento; é uma pessoa viva: é Cristo completamente colocado nas mãos dos homens, frágil e indefeso, como estava em Belém. Daí seu enternecer-se por tudo o que diz respeito ao Sacramento do altar, sua preocupação com o decoro e a limpeza das igrejas e dos vasos sagrados.

Quanto a Clara, o ostensório eucarístico é seu símbolo iconográfico. Ela ouviu uma voz "como de criança" vir do cibório e garantir-lhe: "Eu vos protegerei sempre!". Este é um aspecto essencial da vida claustral: ter o mundo de joelhos diante do Santíssimo e expor o Santíssimo diante do mundo. Hasteá-lo, por assim dizer, sobre as muralhas da cidade. De acordo com a *Legenda de Santa Clara*, Assis foi salva dos sarracenos não por seus soldados, mas por Clara, que foi ao encontro deles com o ostensório nas mãos[3].

No passado sempre existiu a tendência a apresentar a personalidade de Clara como subordinada à de Francisco, um pouco como "Irmã Lua", que vive da luz refletida pelo "Irmão Sol". (Esse é o título e o sentido do filme de Zeffirelli!) Hoje nos tornamos mais atentos à

---

[3] *Legenda de Santa Clara*, 21-22 (FF 3210-3202).

importância da presença feminina na história e preferimos falar de Francisco e de Clara como duas vidas paralelas que se entrelaçam e se desenvolvem de modo complementar, ainda que diferente. No filme realizado por Fabrizio Costa para a televisão italiana (Rai 1), intitulado *Chiara e Francesco* [Clara e Francisco], há uma cena inicial que exprime precisamente a nova visão das relações entre os dois. Estamos nos primórdios de sua aventura espiritual. Francisco passeia por um prado, e Clara o segue, prestando atenção para colocar seus pés, quase que por brincadeira, sobre as pegadas deixadas por Francisco. O Santo se vira e lhe pergunta: "O que está fazendo? Seguindo os meus passos?", e ela responde com um sorriso luminoso: "Não, outros, muito mais profundos!". Ambos caminhavam sobre os passos de Cristo.

IX
"A VIDA E A REGRA DOS FRADES MENORES É ESTA"*

O carisma em estado nascente

Minha reflexão começa com uma pergunta: o que recordamos exatamente neste ano de 2009? Não a aprovação da "Regra que prometemos", que é a *Regra bulada*, mas a aprovação oral, por parte do papa Inocêncio III, da regra primordial, perdida, de São Francisco. Em catorze anos, em 2023, será celebrado o centenário da *Regra bulada* e naquela ocasião certamente se falará longamente dela e de sua importância. Este ano temos uma oportunidade única para remontar ao carisma franciscano no momento em que ele desabrochou, em "estado puro", por assim dizer. É um *kairòs* para toda a ordem e para o movimento franciscano, e não podemos permitir que passe em branco.

Há tempos os sociólogos destacaram a força e o caráter irrepetível de um movimento coletivo em seu *statu nascenti*. Falando dos estados de efervescência coletiva, Durkheim escreveu: "O homem tem a impressão de ser dominado por forças que não reconhece como suas, que o arrastam, que ele não domina. [...] Sente-se transportado para um mundo diferente daquele em que se desenvolve sua existência privada. A vida aqui não é apenas intensa, mas é qualitativamente diferente"[1]. Para Max Weber, o nascimento de tais movimentos está ligado ao surgimento de um líder carismático que, rompendo com a tradição, ar-

---

* Palestra proferida em Assis em 15 de abril de 2009, por ocasião do Capítulo das Esteiras, no VIII Centenário da Aprovação da *Regra* de São Francisco.
[1] Durkheim, E., *Giudizi di valore e giudizi di realtà*, in: Id., *Sociologia e filosofia*, Milano, Comunità, 1963, 216s, cit. por Alberoni, F., *Innamoramento e amore*, Milano, Garzanti, ²⁵1986 [ed. bras.: *Enamoramento e amor*, trad. Ary Gonzales Galvão, Rio de Janeiro, Rocco, 1987].

rasta os seus seguidores para uma aventura heroica e produz em quem o segue a experiência de um renascimento interior, uma *metanoia*, no sentido de São Paulo[2].

A perspectiva desses autores é sociológica; embora por si só não explique os movimentos religiosos, ajuda a compreender sua dinâmica. De acordo com Francesco Alberoni, são os momentos de nascimento das religiões, da Reforma protestante, da Revolução francesa ou bolchevique; podemos acrescentar a eles sem hesitar: e do movimento franciscano. Existe, segundo Alberoni, uma inegável analogia entre o nascimento desses movimentos e o fenômeno do enamoramento[3]. Seja como for, foi isso o que ocorreu com Francisco e seus seguidores: um enamoramento.

Há flores que não se reproduzem plantando novamente suas sementes ou um pequeno ramo da planta, mas apenas a partir do bulbo que misteriosamente desperta e volta a germinar na primavera. É o caso, entre as flores que conheço, das tulipas e dos lírios. Creio que a ordem franciscana também precisa renascer do bulbo. E o bulbo é a intuição primordial, ou melhor, inspiração ("O Senhor me revelou…"), que Francisco de Assis teve em 1209 e que apresentou a Inocêncio III.

A enorme vantagem dessa fase do carisma franciscano, em relação à organização jurídica de 1223, é que esta última é afetada muito mais pelas contingências históricas e pelas exigências jurídicas da época; é muito mais datada que a regra primitiva e, portanto, menos passível de ser transporta para nosso tempo. Nela o movimento já se tornou instituição, com todas as conquistas, mas também as perdas que essa passagem comporta. Francisco, observa Sabatier, encontrará nas normas eclesiásticas, incluídas na *Regra* definitiva, "algumas diretrizes que darão uma forma precisa a ideias intuídas vagamente, mas nelas encontrará também estruturas em que seu pensamento perderá um pouco de sua originalidade e força: o vinho novo será posto em odres

---

[2] WEBER, M., *Economia e società*, Milano, Comunità, 1961, v. II, 431ss [ed. bras.: *Economia e sociedade*, trad. de Regis Barbosa e Karen Elsabe Barbosa, Brasília, Editora da UnB, 2012, 2 v.], cit. por ALBERONI, F., *Innamoramento e amore*, cit.

[3] Cf. ALBERONI, F., *Innamoramento e amore*, cit., 5-9.

velhos"⁴. Sem negar de modo algum o valor inestimável da *Regra* definitiva, é àquele primeiro momento fundante, portanto, que devemos nos reportar se, como lemos na Carta dos Ministros Gerais para este encontro, queremos enfrentar com sucesso "o desafio da refundação".

Para nossa sorte, o conteúdo da regra primitiva é uma das coisas mais bem conhecidas e menos controvertidas de toda a historiografia franciscana, embora seu texto tenha sido perdido. Em sua bula de aprovação da *Regra* de 1223, *Solet annuere*, o papa Honório III escreveu: "Confirmamo-vos, com a autoridade apostólica, a Regra de vossa ordem, aprovada por nosso predecessor papa Inocêncio, de boa memória, e aqui transcrita". Com base nessas palavras, poderíamos dizer que se trata sempre da mesma *Regra*, apenas "transcrita", ou seja, posta por escrito. No entanto, sabemos que não é assim. Sem querer exagerar, como fez uma vertente bem conhecida da historiografia franciscana, e falar da *Regra* definitiva como algo arrancado de Francisco, mais que por ele desejada, não há dúvida de que muita água passou sob as pontes entre as duas datas. E muita "água" passou também sobre a primitiva regra!

O próprio Francisco nos informa sobre o teor desta regra primitiva ao escrever em seu *Testamento*: "E, depois que o Senhor me deu frades, ninguém me ensinava o que deveria fazer, mas o próprio Altíssimo me revelou que deveria viver segundo a forma do santo Evangelho. E eu o fiz escrever em poucas palavras e simplesmente, e o senhor Papa confirmou para mim". Tomás de Celano escreve:

> Vendo que dia a dia o número de seus seguidores aumentava, Francisco escreveu para si mesmo e para os frades presentes e futuros, com simplicidade e brevidade, uma norma de vida ou Regra, composta sobretudo de expressões do Evangelho, a cuja observância perfeita continuamente aspirava. Mas acrescentou a ele poucas outras diretrizes indispensáveis e urgentes para uma santa vida em comum⁵.

---

⁴ SABATIER, P., *Vita di san Francesco d'Assisi*, cit., 75.
⁵ TOMÁS DE CELANO, *Vida primeira*, XIII, 32 (FF 372).

As "poucas palavras", colocadas por escrito, certamente compreendiam os textos evangélicos que haviam emocionado Francisco durante a famosa leitura do Evangelho numa missa, ou seja, as passagens sobre o envio em missão dos primeiros discípulos por parte de Jesus, com as instruções para não levar "nem ouro, nem prata, nem pão, nem sacola, nem alforje, e não usassem nem calçados nem duas túnicas"[6]. Mas essas eram apenas simplificações parciais. O verdadeiro propósito de Francisco está encerrado na expressão que será encontrada em todas as fases sucessivas da *Regra* e que o Santo reiterará no *Testamento*: "Viver segundo a forma do santo Evangelho". O propósito é o de um retorno simples e radical ao Evangelho, ou seja, à vida de Jesus e de seus primeiros discípulos. Muito apropriadamente os Ministros Gerais deram à sua carta de convocação para este Capítulo o título de *Viver segundo o Evangelho*.

Carismáticos itinerantes

Nessa primeira fase, Francisco não analisou os conteúdos de sua escolha: isto é, quais aspectos do Evangelho se propunha reviver. Seguindo o seu instinto de *"sine glossa"*, tomou-o em bloco, como algo indivisível. No entanto, hoje podemos destacar alguns conteúdos concretos de sua escolha, baseando-nos no que o vimos fazer antes e depois da viagem a Roma e do encontro com o Papa. Podemos falar dos três "Pês" de Francisco: pregação, prece, pobreza.

A primeira coisa que Francisco faz é ir ele mesmo e enviar seus companheiros para percorrer os vilarejos e cidades para pregar a penitência, exatamente como ouvira dizer que Jesus fazia. Jesus intercalava a pregação com tempos de prece: de noite, de dia, ao amanhecer, tarde da noite, da prece partia e à prece retornava depois de suas viagens; o mesmo faz agora o pequeno grupo que se reuniu em torno de Francisco. A prece constituía a grandiosa demarcação de todas as atividades do dia. Tudo isso acompanhado de um estilo de vida pobre no sentido

---

[6] Cf. *Três companheiros*, VIII, 25 (FF 1427).

mais abrangente da palavra, ou seja, feito de radical pobreza material, mas também de pobreza espiritual, isto é, simplicidade, humildade, fuga das honras: coisas que mais tarde Francisco encerrará no nome de "Menores" dado a seus frades.

Devemos ressaltar um dado importante: esta primitiva experiência é inteiramente laica. O grande historiador Joseph Lortz afirmou com veemência: "O centro mais interno da devoção do santo católico, Francisco de Assis, não é clerical"[7].

A intuição de Francisco encontra uma singular confirmação na orientação mais recente dos estudos sobre o Jesus histórico. Tornou-se bastante comum definir o grupo de Jesus e dos seus discípulos, do ponto de vista da sociologia religiosa, como "carismáticos itinerantes", embora a maneira como alguns entendem essa qualificação esteja sujeita a não poucas reservas[8]. "Carismáticos" indica o caráter profético da pregação de Jesus, acompanhada por sinais e prodígios; "itinerantes", o seu caráter móvel e a recusa de se estabelecer num lugar fixo, à semelhança de Jesus, que não tinha "onde descansar a cabeça" (Mt 8,20). Não se poderia encontrar uma definição mais adequada que esta para o primitivo grupo reunido em torno de Francisco: carismáticos itinerantes.

De Francisco a Cristo

Chegou o momento de tentar passar para os dias atuais, para ver o que podemos aprender desse início dos inícios do movimento franciscano. O primeiro perigo, ou ilusão, a ser evitado é poder reproduzir nas formas externas e concretas a experiência de Francisco. A vida e a história são como um rio: nunca voltam atrás. As tentativas de reformas franciscanas em que prevalece a atenção pelas características

---

[7] LORTZ, J., *Francesco d'Assisi. Un santo unico*, cit., 132.
[8] Cf. THEISSEN, G.; MERZ, A., *Il Gesù storico. Un manuale*, Brescia, Queriniana, ²2003, 235ss [ed. bras.: *O Jesus histórico: um manual*, trad. Milton Camargo Mota e Paulo Nogueira, São Paulo, Edições Loyola, ²2004] e a crítica de DUNN, J. D. G., *Gli albori del cristianesimo*, I, 1, Brescia, Paideia, 2006, 71ss.

externas do franciscano no imaginário popular podem atrair momentaneamente as simpatias das pessoas que admiram instintivamente o anticonformismo e certo estilo *hippie*, ou têm saudade de certo passado pré-conciliar, mas não resistem à prova do tempo e da vida. É preciso reencontrar a seiva da qual nasceu a árvore, e não replantar sua copa na terra.

Antes de tudo, temos de nos colocar na perspectiva correta. Quando Francisco olhava para trás, via Cristo; quando nós olhamos para trás, vemos Francisco. A diferença entre nós e ele é só essa, mas é enorme. Pergunta: em que consiste, então, o carisma franciscano? Resposta: em olhar Cristo com os olhos de Francisco! Não se cultiva o carisma franciscano olhando para Francisco, mas olhando para Cristo com os olhos de Francisco.

Cristo é tudo para Francisco: é sua única sabedoria e sua vida. Antes de se tornar uma visão teológica em São Boaventura e Duns Scot, o cristocentrismo foi uma experiência vivida, existencial e irrefletida de Francisco. Não há tempo, tampouco necessidade, para multiplicar as citações. No final da vida, a um irmão que o exortava a pedir que alguém lesse para ele as Escrituras, Francisco respondia: "No que me diz respeito, já aprendi tantas coisas nas Escrituras que para mim é mais que suficiente recordar e meditar. Não preciso de mais nada, filho: conheço Cristo pobre e crucificado"[9].

Estamos no ano paulino (o ano de 2009 é considerado o segundo milênio de seu nascimento) e é muito instrutiva uma comparação entre a conversão de Paulo e a de Francisco. Ambas foram um encontro de fogo com a pessoa de Jesus; os dois foram "conquistados por Cristo" (cf. Fl 3,12). Ambos puderam dizer: "Para mim, viver é Cristo" e "Eu vivo. Mas não mais eu: Cristo é que vive em mim" (Fl 1,21; Gl 2,20); ambos puderam dizer, Francisco em sentido ainda mais forte que Paulo: "trago em meu próprio corpo as cicatrizes de Jesus" (Gl 6,17). É significativo que os textos da Liturgia das Horas e da missa da festa de São Francisco sejam tomados em grande parte das cartas de Paulo.

---

[9] Tomás de Celano, *Vida segunda*, LXXI, 105 (FF 692).

A famosa metáfora das núpcias de Francisco com a Senhora Pobreza, que deixou marcas profundas na arte e na poesia franciscanas, pode ser equivocada. Não nos apaixonamos por uma virtude, mesmo que seja a pobreza; apaixonamo-nos por uma pessoa. As núpcias de Francisco foram, como as de outros místicos, um matrimônio com Cristo. A resposta de Francisco a quem lhe perguntava se pretendia se casar: "Tomarei a esposa mais nobre e bela que já vistes" geralmente é mal interpretada. O contexto evidencia que a esposa não é a pobreza, mas o tesouro oculto e a pérola preciosa, ou seja, Cristo. "Esposa – comenta Tomás de Celano – é a verdadeira religião que ele abraçou; e o reino dos céus é o tesouro oculto que ele buscou."[10]

Uma pregação franciscana renovada

À luz dessas premissas, tentemos ver como poderíamos realizar hoje aqueles três aspectos fundamentais da primitiva experiência franciscana que evidenciei: pregação, prece e pobreza.

A propósito do primeiro, a pregação, temos de nos fazer antes de tudo uma pergunta inquietante: que lugar ocupa hoje a pregação na ordem franciscana? Numa de minhas prédicas na Casa Pontifícia, fiz certa vez algumas reflexões que a meu ver podem ser úteis também para nós aqui. Nas Igrejas protestantes, e especialmente em certas novas igrejas e comunidades, a pregação é tudo. Consequentemente, é a ela que são destinadas as pessoas mais bem preparadas. É a atividade número um na Igreja. Em contrapartida, quais são as pessoas reservadas à pregação entre nós? Para onde vão as forças mais vivas e mais válidas da Igreja? O que representa o ofício da pregação, entre todas as possíveis atividades e destinações dos jovens padres? Parece-me haver aqui um grave inconveniente, ou seja, que à pregação se dediquem apenas as pessoas que sobram depois da escolha pelos estudos acadêmicos, pelo governo, pela diplomacia, pelo ensino, pela administração.

Falando à Casa Pontifícia, eu disse: precisamos devolver à função da pregação o seu lugar de honra na Igreja; aqui acrescento: precisa-

---

[10] Cf. TOMÁS DE CELANO, *Vida primeira*, III, 7 (FF 331).

mos devolver à função da pregação o lugar de honra na família franciscana. Gostei muito de uma reflexão de De Lubac: "O ministério da pregação não é a vulgarização de um ensino doutrinal em forma mais abstrata, que seria anterior e superior a ele. É, ao contrário, o próprio ensinamento doutrinal, na sua forma mais elevada"[11]. São Paulo, o modelo de todos os pregadores, certamente colocava a pregação antes de todas as coisas e subordinava tudo a ela. Fazia teologia pregando e não uma teologia da qual todos os outros deveriam depois extrair as coisas mais elementares a ser transmitidas aos simples fiéis na pregação.

Nós, católicos, estamos mais preparados, pelo nosso passado, para ser "pastores" que "pescadores" de homens, ou seja, estamos mais preparados para cuidar das pessoas que permaneceram fiéis à Igreja que para trazer para ela novas pessoas, ou para "repescar" aquelas que se afastaram dela. A pregação itinerante que Francisco escolheu para si mesmo responde precisamente a essa exigência. Seria um pecado se a atual existência de igrejas e de grandes estruturas próprias nos transformasse, também a nós, franciscanos, apenas em pastores e não em pescadores de homens. Os franciscanos são "evangélicos" por vocação originária, os primeiros verdadeiros "evangélicos"; não podem permitir que em certos continentes, como a América Latina, a pregação itinerante seja apanágio exclusivo das Igrejas "evangélicas" protestantes.

Haveria observações importantes a fazer também sobre o conteúdo da nossa pregação. Sabe-se que a primitiva pregação franciscana se concentrava totalmente em torno do tema da "penitência", a ponto de os frades terem assumido o primitivo nome de "penitentes de Assis"[12]. Por pregação penitencial se entendia então uma pregação centrada na conversão no sentido de mudança dos costumes, de caráter moral, portanto. Foi o mandato que Inocêncio III deu aos frades: "Ide, pregai a todos a penitência"[13]. Na *Regra* definitiva esse conteúdo moral se especifica: os pregadores devem anunciar "os vícios e as virtudes, a pena e a glória"[14].

---

[11] De Lubac, H., *Exégèse médiévale*, I, 2, Paris, 1959, 670.
[12] *Três companheiros*, X, 37 (FF 1441).
[13] Tomás de Celano, *Vida primeira*, XIII, 33 (FF 374).
[14] *Regra bulada*, IX (FF 99).

Este é um ponto em que um retorno mecânico às origens seria fatal. Numa sociedade totalmente impregnada de cristianismo, era mais natural e urgente insistir no aspecto das obras. Hoje já não é assim. Vivemos numa sociedade que em muitos países se tornou pós-cristã; o mais necessário é ajudar os homens a abraçar a fé, a descobrir Cristo. Por isso não é suficiente uma pregação moral ou moralista, é necessária uma pregação querigmática que chegue diretamente ao cerne da mensagem, anunciando o mistério pascal de Cristo. Foi com esse anúncio que os apóstolos evangelizaram o mundo pré-cristão e será com ele que podemos ter a esperança de reevangelizar o mundo pós-cristão.

Francisco e, graças a ele, em parte também seus primeiros companheiros conseguiram evitar essa restrição moralista em sua pregação. Nele a novidade evangélica vibra em toda a sua força. O Evangelho é realmente evangelho, ou seja, boa-nova, anúncio do dom de Deus ao homem antes mesmo que resposta do homem. Dante captou bem este clima, quando disse dele e de seus primeiros companheiros:

> Sua concórdia e seus alegres semblantes
> amor e maravilha e doce olhar
> dão a todos lições edificantes[15].

Tinham encontrado, dizem as fontes, o tesouro escondido e a pérola preciosa e queriam fazer com que todos a conhecessem[16]. O ar que se respira em torno de Francisco não é o de certos pregadores franciscanos posteriores, especialmente no período da Contrarreforma, inteiramente centrado nas obras do homem, austero e aflitivo, mas de uma austeridade mais próxima à de João Batista que à de Jesus. A própria imagem de Francisco é gravemente alterada nesse clima. Quase todas as pinturas dessa época o representam em meditação com uma caveira nas mãos, ele para quem a morte era uma boa irmã!

---

[15] *Paraíso*, XI, 76-78.
[16] Cf. Tomás de Celano, *Vida primeira*, III, 6-7 (FF 328-331).

Nós, franciscanos, devemos continuar, portanto, a pregar a conversão, mas precisamos dar a essa palavra o sentido que lhe dava Jesus quando falava: "Convertei-vos e crede no Evangelho" (Mc 1,15). Antes dele, converter-se queria sempre significar mudar de vida e de costumes, voltar atrás (é o sentido do hebraico *shub*!) para a observância da lei e a aliança violada. Com Jesus, não significa mais voltar atrás, mas dar um impulso para a frente e entrar no reino que veio gratuitamente entre os homens. "Convertei-vos e crede" não indica duas coisas separadas, mas a mesma coisa: convertei-vos, ou seja, crede na boa-nova! É a grande novidade evangélica e Francisco a apreendeu instintivamente, sem esperar a atual teologia bíblica. Francisco "acreditou no Evangelho"!

Uma prece "franciscana"

O segundo elemento que caracteriza a primitiva experiência de Francisco, como vimos, é uma intensa vida de oração. Nessa fase inicial, a prece franciscana é, como a pregação, uma prece carismática. Mais tarde, com a clericalização da ordem, o ofício da ordem se tornará o eixo da oração dos frades, mas no início não existiam breviários nem outros livros. Rezavam espontaneamente, como o Espírito sugeria, sozinhos ou em grupo. Um capítulo dos *Fioretti* conservou uma recordação dessa prece sem livros de Francisco e dos companheiros[17].

Como reencontrar em nossas comunidades algo que brotava dessa oração espontânea? Antes de ser a oração da primitiva comunidade franciscana, ela foi a oração da primitiva comunidade cristã. Paulo escrevia às comunidades: "Quando vos reunis, cada um tem um hino, um ensinamento, uma revelação, uma oração em língua, uma interpretação" (1Cor 14,26); e ainda: "Entretende-vos com salmos, hinos e cânticos inspirados. Cantai e celebrai ao Senhor de todo o coração" (Ef 5,19).

Não hesitemos em dizer: a oração comum das comunidades cristãs tradicionais corre o risco de se reduzir facilmente ao que Isaías definia como "mandamentos humanos, pura rotina", um "honrar a Deus só com os lábios, com o coração afastado dele" (cf. Is 29,13-14). Cer-

---

[17] *Fioretti*, IX (FF 1837).

tamente não devemos desprezar a oração litúrgica, mas é necessário apoiá-la e mantê-la viva com outros tipos de oração, pois sozinha ela não é suficiente. Conhecemos apenas dois tipos de oração: a oração litúrgica e a oração pessoal. A oração litúrgica é comunitária, mas não espontânea; a oração pessoal é espontânea, mas não comunitária. Necessitamos de uma oração que seja ao mesmo tempo comunitária e espontânea e isso é o que chamamos oração carismática, talvez não como formas estranhas de oração.

Em certas circunstâncias e no interior da própria prece litúrgica quando permitido, ela permitiria momentos de autêntica partilha espiritual entre irmãos. Em contrapartida, existe o perigo de que em nossas comunidades compartilhamos tudo, exceto nossa fé e nossa experiência de Jesus. Fala-se de tudo, com exceção dele.

O Espírito Santo fez renascer esse tipo de oração carismática; ela é a força de quase todas as novas comunidades e dos movimentos eclesiais posteriores ao Concílio. Podemos nos abrir para essa graça sem trair nem um pouco a nossa identidade, e até manifestando-a. Quando na Igreja surgiu a renovação evangélica de Francisco e das ordens mendicantes em geral, todas as ordens preexistentes se beneficiaram dessa graça, vendo nela um desafio para também redescobrir sua inspiração evangélica de simplicidade e pobreza. É o que devemos fazer nós, ordens tradicionais, diante dos novos movimentos suscitados pelo Espírito na Igreja.

A oração carismática é essencialmente uma oração de louvor, de adoração, e quem mais que Francisco personificou esse tipo de oração? Um teólogo jesuíta, ex-docente da Universidade Gregoriana, Francis Sullivan, definiu Francisco de Assis como "o maior carismático da história da Igreja". A renovação da ordem franciscana aparece constantemente ligada, na sua história, à renovação da oração; partiu quase sempre de casas de retiro e de oração.

Ser "para os pobres" e "ser pobres"

No que diz respeito ao terceiro elemento, a pobreza, direi apenas algo que ajuda a colocar o ideal franciscano da pobreza na história da salvação e da Igreja, e a ver como, também nesse ponto, Francisco realiza um retorno ao Evangelho.

Em relação à pobreza, a passagem do Antigo para o Novo Testamento assinala um salto de qualidade. Ele pode ser sintetizado assim: o Antigo Testamento nos apresenta um Deus "para os pobres", o Novo Testamento, um Deus que se faz, ele mesmo, "pobre". O Antigo Testamento está repleto de textos sobre o Deus "que ouve o grito dos pobres", que "tem piedade do fraco e do pobre", que "defende a causa dos miseráveis", que "faz justiça aos oprimidos"; mas só o Evangelho nos fala do Deus que se faz um deles, que escolhe para si a pobreza e a fraqueza: "Jesus Cristo, que, sendo rico, se fez pobre por vossa causa" (2Cor 8,9). A pobreza material, de mal a ser evitado, adquire o aspecto de um bem a ser cultivado, de um ideal a ser buscado. Essa é a grande novidade trazida por Cristo.

Desse modo, são agora esclarecidos os dois componentes essenciais do ideal da pobreza bíblica, que são: ser "para os pobres" e ser "pobres". A história da pobreza cristã é a história da atitude diferente diante dessas duas exigências.

Uma primeira síntese e um equilíbrio entre as duas instâncias são obtidos no pensamento de homens como São Basílio e Santo Agostinho e na experiência monástica iniciada por eles, na qual à mais rigorosa pobreza pessoal se une uma igual solicitude pelos pobres e pelos doentes, que se concretiza em instituições apropriadas que, em alguns casos, servirão como modelo para as futuras obras de caridade da Igreja.

Na Idade Média, assistimos à repetição desse ciclo em outro contexto. A Igreja e em especial as antigas ordens monásticas, que se tornaram bastante ricas no Ocidente, agora cultivam a pobreza quase que apenas na forma de assistência aos pobres, aos peregrinos, ou seja, gerenciando instituições de caridade. Contra essa situação, a partir do início do segundo milênio, se insurgem os chamados movimentos pauperistas, que põem em primeiro plano o exercício efetivo da pobreza, o retorno da Igreja à simplicidade e pobreza do Evangelho.

O equilíbrio e a síntese são realizados, desta vez, pelas ordens mendicantes e em particular por Francisco, que se esforça para praticar, ao mesmo tempo, um despojamento radical e um cuidado amoroso pelos pobres, os leprosos, e sobretudo para viver a própria pobreza em comunhão com a Igreja, e não contra ela.

Com todos os cuidados que o caso exige, talvez possamos perceber uma dialética análoga também na época moderna. A explosão da consciência social no século passado e do problema do proletariado rompeu novamente o equilíbrio, obrigando a colocar entre parênteses o ideal da pobreza voluntária, escolhida e vivida no seguimento de Cristo, para se interessar pelo problema dos pobres. Sobre o ideal de uma Igreja pobre prevalece a preocupação "pelos pobres", que se traduz numa infinidade de iniciativas e instituições novas, sobretudo no âmbito da educação das crianças pobres e da assistência aos mais abandonados. A doutrina social da Igreja também é um produto desse clima espiritual.

Foi o Concílio Vaticano II que reconduziu ao primeiro plano o tema "Igreja e pobreza". A esse respeito, lemos na constituição sobre a Igreja:

> Assim como Cristo realizou a obra da redenção na pobreza e na perseguição, assim a Igreja é chamada a seguir pelo mesmo caminho [...]. Assim como Cristo foi enviado pelo Pai para levar a boa-nova aos pobres, curar os contritos de coração, assim a Igreja abraça com amor todos os afligidos pela enfermidade humana, mais ainda, reconhece nos pobres e nos que sofrem a imagem do seu fundador pobre e sofredor, procura aliviar as suas necessidades e intenta servir neles a Cristo[18].

Nesse texto estão reunidas ambas as coisas: o ser pobres e o estar a serviço dos pobres.

Esses desdobramentos interpelam também a nós, franciscanos de hoje. Não deveríamos cometer o erro de voltar à pobreza como era concebida, nas ordens religiosas, antes de Francisco, e na Igreja universal antes do Vaticano II, ou seja, quase que apenas como um ser "para os pobres", uma mera promoção de iniciativas sociais. Para nós,

---

[18] *Lumen gentium*, 8.

franciscanos, não basta uma "opção preferencial pelos pobres"; é necessária também uma "opção preferencial pela pobreza".

O que isso significa concretamente varia de um lugar para outro e não é minha intenção arriscar sugestões práticas. Digo apenas que compartilho a preocupação expressa por meu Ministro Geral, frei Mauro Jöri, em sua recente carta intitulada: *Revivamos a chama do nosso carisma!*, em que anuncia o perigo, presente em certos ambientes, de transformar a escolha da pobreza de São Francisco numa escolha de riqueza e de promoção social, que separa da população local, em vez de levar a compartilhar o seu estilo de vida.

A nossa colocação na Igreja

Gostaria agora de tentar ver como Francisco se posicionou diante da Igreja de sua época e como, com base em seu exemplo, nós franciscanos de hoje devemos nos posicionar. Como se sabe, no que diz respeito às relações de Francisco com a Igreja hierárquica, temos duas visões opostas: a da historiografia oficial da ordem, do Francisco "*vir catholicus et totus apostolicus*", e aquela dos Espirituais de então, assumida por Sabatier, que fala de um conflito mais ou menos latente e de instrumentalização de Francisco por parte da hierarquia.

Esta última é a visão que, por óbvias razões de teatralidade, foi geralmente adotada nos filmes sobre Francisco. Todos se recordam da frase que um cardeal pronuncia, de modo sugestivo, no filme de Zeffirelli *Irmão sol, irmã lua*, depois que Inocêncio III recebeu Francisco: "Finalmente temos um homem que falará aos pobres e os trará novamente para nós".

A história raramente se desenvolve em branco e preto; frequentemente predominam as meias-tintas. As intenções humanas, também dos chefes da Igreja, nem sempre são unívocas e puramente espirituais, sobretudo numa época, como a de Inocêncio III, em que o papado era a realidade política mais visível do mundo ocidental. Mas por que pensar que o papa e os cardeais queriam apenas reconquistar as massas para si e não também para Jesus e para o Evangelho? À interpretação "maldosa" da atitude da hierarquia podemos, com boas razões também históricas, contrapor uma interpretação "benevolente". A Igreja hierárquica se dá conta de que, por causa do papel que desenvolve no mundo, não pode chegar diretamente às massas populares em tumulto e vê em Francisco e em Domingos os instrumentos para essa necessidade urgente da Igreja diante da agressividade dos movimentos de contestação.

Temos uma confirmação dessa intenção pastoral e não política da atitude de Inocêncio III na origem da devoção de Francisco pelo Tau. No profeta Ezequiel lemos:

> A glória do Deus de Israel elevou-se acima dos querubins sobre os quais repousava; deslocou-se em direção à entrada do templo e gritou ao homem vestido de linho, que levava um estojo de escriba à cintura. E disse-lhe: "Vai passando pelo meio da cidade de Jerusalém e marca com uma cruz [um Tau] a fronte dos homens que suspiram e gemem por causa das coisas abomináveis que se praticam no meio dela!" (Ez 9,3-4).

No discurso com que se inaugurou o IV Concílio de Latrão em 1215, o idoso papa Inocêncio III retomou esse símbolo. Gostaria, dizia, de ser ele mesmo aquele homem "vestido de linho, que levava um estojo de escriba à cintura" e passar pessoalmente por toda a Igreja para marcar com o Tau a fronte das pessoas que aceitam entrar em estado de verdadeira conversão[19].

Evidentemente não podia fazê-lo pessoalmente e não apenas por ser idoso. Pensa-se que entre seus ouvintes estava também Francisco de Assis, oculto na multidão; seja como for, é certo que o eco do discurso do papa chegou até ele, que ouviu o apelo e o adotou. Desde aquele dia começou a pregar, ainda mais intensamente que antes, a penitência e a conversão e a marcar um Tau na fronte das pessoas que se aproximavam dele. Francisco assumiu a tarefa que a Igreja hierárquica não podia desempenhar, nem sequer por intermédio de seu clero secular. E o fez sem espírito polêmico ou apologético. Não polemizou

---

[19] INOCÊNCIO III, *Sermões*, VI (PL 217, 673-678).

nem com a Igreja institucional nem com os inimigos da Igreja institucional, com ninguém. Nesse aspecto, seu estilo é diferente até de seu contemporâneo Domingos.

Perguntamo-nos: o que isso tudo nos diz? Por motivos diferentes de então (mas não de todo!), também hoje as massas se distanciaram da Igreja institucional. Criou-se um fosso. Muitas pessoas não conseguem chegar até Jesus através da Igreja; é preciso ajudá-las a chegar à Igreja através de Jesus, voltando a partir dele e do Evangelho. Não se aceita Jesus por amor à Igreja, mas se pode aceitar a Igreja por amor a Jesus.

Eis uma tarefa própria dos franciscanos. Estamos numa posição única para fazê-lo. Predispõe-nos para essa tarefa a herança de nosso pai Francisco, o imenso patrimônio de credibilidade que se conquistou em toda a humanidade. Sua intuição de uma fraternidade universal, que se estende a todas as criaturas, acompanhada pela escolha da menoridade, fazem dele e de seus seguidores os irmãos de todos, os inimigos de ninguém, os companheiros dos últimos. A escolha do papa João Paulo II de Assis como lugar de encontro das religiões e inúmeras outras iniciativas são um sinal dessa vocação dos filhos de Francisco.

A condição para poder desempenhar essa tarefa de ponte entre a Igreja e o mundo é ter, como Francisco, um profundo amor e fidelidade pela Igreja e um profundo amor e solidariedade pelo mundo, sobretudo o mundo dos humildes. Um meio que não pode ser negligenciado é também o nosso hábito franciscano. Através dele, Francisco se faz presente também visivelmente para os homens de hoje. Se as pessoas nunca nos veem com o hábito, como poderão nos identificar como filhos de Francisco? Estou convencido de que o dia em que os franciscanos deixassem de usar o hábito religioso, mesmo quando estão em países cristãos e católicos, privariam o mundo de um grande dom e a si mesmos de um grande auxílio. Com seu hábito, Francisco, como diz de Abel na Carta aos Hebreus, *"defunctus adhuc loquitur"*: morto, ainda fala (Hb 11,4). Tenho uma comprovação pessoal na ajuda que encontro no hábito no meu trabalho na televisão.

Um novo Pentecostes franciscano

Como traduzir em ações todas as propostas evocadas e as ainda mais numerosas que certamente surgirão das intervenções que se seguirão? A resposta nos vem da palavra pronunciada por Francisco próximo do fim de sua vida: "Eu fiz a minha parte; que Cristo vos ensine a cumprir a vossa!"[20]. Esta palavra não era dirigida apenas aos presentes, mas aos seus seguidores de todos os tempos.

Somos chamados para o que se dizia no início sobre o carisma franciscano: ele não consiste em olhar para Francisco, mas em olhar para Cristo com os olhos de Francisco. Há uma coisa que continua inalterada de Francisco até nós, por baixo de todas as mudanças históricas e sociais: o Espírito do Senhor. Se prestarmos atenção, toda a vida do Pobrezinho se desenvolve sob a direção do Espírito Santo. Quase todos os capítulos de sua vida se iniciam com a observação: "Francisco, movido, ou inspirado, pelo Espírito Santo, andou, disse, fez...". O Pobrezinho chama o Espírito Santo de "Ministro Geral da Ordem"[21].

Por ocasião do XVI Centenário do I Concílio Ecumênico de Constantinopla – o concílio que definiu a divindade do Espírito Santo –, o papa João Paulo II escreveu: "Toda a obra de renovação da Igreja, que o Concílio Vaticano II tão providencialmente propôs e iniciou [...], só pode ser realizada no Espírito Santo, ou seja, com a ajuda da sua luz e da sua força"[22]. Isso vale mais que nunca para a renovação das ordens religiosas.

Só existem dois tipos de renovação possíveis: uma renovação segundo a lei e uma renovação segundo o Espírito. O cristianismo – é Paulo quem nos ensina – é uma renovação segundo o Espírito (cf. Tt 3,5), não segundo a lei. Na realidade, a lei não conseguiu renovar verdadeiramente nenhuma ordem religiosa; evidencia a transgressão, mas não dá a vida. Ela é útil e preciosa se colocada a serviço da "lei do Espírito, que dá a vida em Cristo Jesus" (Rm 8,2), não se pretende to-

---

[20] Tomás de Celano, *Vida segunda*, CLXII, 214 (FF 804).
[21] Ibid., CXLV, 193 (FF 779).
[22] João Paulo II, Carta apostólica *A concilio Costantinopolitano I*, in AAS 73, 1981, 489.

mar o lugar dela. Se, como escreve Santo Tomás de Aquino, "até a letra do Evangelho e os preceitos morais nele contidos matariam se não se acrescentasse, em seu interior, a graça da fé e a força do Espírito Santo"[23], o que devemos dizer de todas as outras leis positivas, incluindo as regras monásticas?

Devemos nos perguntar o que pode significar para nós, franciscanos, acolher a graça do "novo Pentecostes" invocado por João XXIII. A segunda geração franciscana viu a si mesma como a realização das profecias de Joaquim de Fiore de uma nova era do Espírito. Havia, evidentemente, ingenuidade, se não orgulho, nessa identificação, sem contar que a própria tese de uma terceira era do Espírito Santo – deva-se ou não atribuir essa forma a Joaquim – é herética e inaceitável. E, contudo, há algo que podemos aproveitar desse capítulo discutível de nossa história: a convicção de ser uma realidade suscitada pelo Espírito Santo e que é chamada a manter viva no mundo a chama do Pentecostes.

O primeiro Capítulo das Esteiras iniciou-se no dia de Pentecostes de 1221; iniciou-se, portanto, com o solene canto do *Veni Creator* que então fazia parte da liturgia de Pentecostes. Esse hino, composto no século IX, acompanhou a Igreja em todos os grandes eventos realizados no segundo milênio cristão: todo concílio ecumênico, sínodo, todo novo ano ou século começaram com seu canto; todos os santos que viveram nesses dez séculos o entoaram e deixaram nas palavras a marca de sua devoção e amor pelo Espírito.

Com ele invocamos também nós a presença do Espírito neste novo Capítulo das Esteiras. Vem, Espírito criador. Renova o prodígio realizado no início do mundo. Então a terra estava vazia e deserta, e as trevas recobriam a face do abismo, mas, quando começaste a pairar sobre ele, o caos se transformou em cosmos (cf. Gn 1,1-2), ou seja, em algo de belo, ordenado, harmonioso. Nós também experimentamos o vazio, a impotência para nos dar uma forma e uma vida nova. Paira, vem sobre nós; transforma nosso caos pessoal e coletivo numa nova harmonia, em "algo de belo para Deus" e para a Igreja.

---

[23] Tomás de Aquino, *Summa theologiae*, I-II^{ae}, q. 106, a. 1-2.

X
"ESTE É O MEU TESTAMENTO"*

Entre os afrescos de Giotto, na Basílica superior de Assis, há um, inspirado por um texto de São Boaventura[1], que representa Francisco subindo ao céu numa carruagem de fogo, como novo Elias. É famosa a súplica que o discípulo Eliseu fez a Elias naquela circunstância: "Venham sobre mim duas partes do teu espírito!" (cf. 2Rs 2,9). Desde sempre os seguidores de Francisco dirigem ao pai deles a mesma súplica. A comemoração do VIII centenário da aprovação da *Regra* é uma ocasião para que também nós, como Elias, recebamos o manto do nosso Elias.

O caminho mais seguro para fazer isso é refletir sobre o *Testamento* de São Francisco. Escrito poucas semanas antes de morrer, ele é considerado o espelho mais fiel de sua alma, o documento mais livre de condicionamentos externos e que melhor revela seu espírito e sua mensagem. O Santo afirma que ele é "uma lembrança, um aviso, uma exortação e o meu testamento que eu, irmão Francisco pobrezinho, faço a vós, meus irmãos benditos, para que observemos mais catolicamente a Regra que prometemos ao Senhor". Nós, franciscanos, o lemos depois da *Regra* porque o próprio Francisco nele ordena que todas as vezes em que se lê a *Regra* se deve ler também o seu *Testamento*.

Na palestra inaugural do Capítulo Internacional das Esteiras, celebrado em Assis em abril passado, falei diretamente do carisma franciscano em seu "estado nascente", do conteúdo da *Regra* primitiva aprovada por Inocêncio III em 1209 e das possibilidades que ela oferece

---

* Palestra no encontro Interfranciscano realizado em Manila, nas Filipinas, em 29 de janeiro de 2010.
[1] BOAVENTURA, *Lei maior*, XV, 7 (FF 1254).

para uma revitalização do carisma franciscano. Sendo esse texto amplamente difundido e acessível na internet também em língua inglesa, evito repetir as coisas ditas então, embora o considere a contribuição mais válida que posso oferecer nesta ocasião.

Ele me permite reunir os "últimos desejos" de Francisco, expressos para nós no *Testamento*. A Carta aos Hebreus diz que Abel, "morto, ainda fala [*defunctus adhuc loquitur*]" (Hb 11,4). Graças ao seu *Testamento*, podemos dizer a mesma coisa também de Francisco: morto, ainda fala. Gostaria agora de retomar os grandes amores de Francisco como eles se refletem nesse documento tão precioso.

O amor pelos leprosos

O *Testamento* de Francisco começa com esta nota autobiográfica:

> O Senhor concedeu a mim, irmão Francisco, que começasse a fazer penitência assim: porque, como eu estava no pecado, parecia-me demasiado amargo ver os leprosos. E o próprio Senhor me levou para o meio deles, e fui misericordioso com eles. E, afastando-me deles, o que me parecia amargo converteu-se para mim em doçura da alma e do corpo. E depois me demorei mais um pouco e saí do mundo.

É o relato da própria conversão. Nessas poucas linhas está encerrado todo o longo processo e o lento trabalho da graça que o arrancou da vida despreocupada (não dissoluta, como às vezes se repete pelo prazer de carregar nas tintas) que levava no mundo. Francisco estava nesse estado, encaminhado para um futuro de glória e de festa, quando começou a sentir um estranho vazio. Um vazio que tantos homens experimentam, mas ao qual não sabem dar o encaminhamento correto e que preenchem de substitutos. Os sonhos que antes tinham o poder de catalisar todos os seus pensamentos começaram a desaparecer: a cavalaria, o amor, os empreendimentos militares. É a noite dos sentidos, quando as promessas e os prazeres do mundo começam a perder todo sabor.

Nessa situação começam as visitas do Senhor. São sinais que Deus envia com discrição e delicadeza, porque não quer forçar a liberdade humana, mas conquistá-la; não quer apelar para a coerção, mas para a atração. Eis então o sonho de Spoleto em que vê esplêndidas armas e ouve a pergunta do Senhor: "Francisco, a quem é melhor servir: ao senhor ou ao servo?" (o "servo" era Gualtério de Brienne, em cujas fileiras ele se alistara)[2]. Então acontece o aprisionamento em Perúgia que lhe dá tempo para refletir sobre sua vida. Está ocorrendo uma espécie de distanciamento progressivo entre a graça de Deus e a liberdade humana que levará ao momento crucial em que uma criatura decide o seu destino pela eternidade.

Para Francisco, esse momento foi o encontro com o leproso. Se existia algo de que ele tinha pavor mortal (é ele mesmo quem o diz), era ver, mesmo que só de longe, os leprosos. Estava prestes a fugir, quando entrou em ação dentro dele uma força contrária à da natureza, que o impeliu a se deter, voltar atrás, descer do cavalo, dar-lhe uma esmola e beijá-lo.

As fontes franciscanas nos revelam o que está por trás das poucas palavras "fiz misericórdia com eles". Não se tratou apenas de dar um beijo no leproso e depois esquecer tudo. O episódio teve uma continuação. Entre ele e os leprosos nasceu uma relação que não se interrompeu mais por toda a vida. Ele chamava os leprosos de "os irmãos cristãos". Tomás de Celano escreve:

> O Santo se transferiu para um leprosário e vivia com os leprosos, para servi-los em todas as necessidades por amor de Deus. Lava seus corpos em decomposição e limpa o pus de suas chagas [...]. De fato, a visão dos leprosos, como ele atesta, lhe era antes tão insuportável, que tapava o nariz só de ver suas cabanas a duas milhas de distância. Mas eis que um dia, quando, por graça e força do Altíssimo, ainda vivia no mundo, mas já tinha começado a pensar nas coisas santas e úteis, encontrou-se com um leproso e, superando-se, chegou perto dele e o beijou. A partir

---

[2] TOMÁS DE CELANO, *Vida segunda*, II, 6 (FF 586).

daquele momento, decidiu se tornar cada vez mais humilde até que, pela misericórdia do Redentor, chegou à perfeita vitória[3].

É fácil se equivocar ao interpretar esse gesto de Francisco, reduzindo-o a uma expressão de sua sensibilidade pelos pobres e sofredores. Às vezes se afirmou que foi a conversão aos pobres que determinou a conversão de Francisco para Deus. Mas a importância daquele momento está em outro lugar. Naquele momento, Francisco venceu a si mesmo; fez a sua escolha entre si e Deus, entre salvar a própria vida e perdê-la. "Superou-se", observa Tomás de Celano, ou seja, estabeleceu o alicerce de todo seguimento de Cristo, que é "renunciar a si mesmo" (cf. Mc 8,34). As grandes aventuras de santidade começam todas com uma saída de si mesmo, e é nisso que consiste a primeira verdadeira conversão.

Isso não significa que o próximo (neste caso, o leproso) não tem importância por si mesmo. Ao contrário. Dizer "não" a si mesmo e dizer "sim" ao próximo são duas faces da mesma moeda, dois aspectos da mesma decisão. A primeira é o meio, a segunda é o fim. No cristianismo, a negação não é um fim em si mesma, é sempre o caminho para se abrir para os outros e para o Outro por excelência. Para ir em direção ao outro, é preciso primeiro sair de si mesmo. Mas isso apenas encarna a lei fundamental do sacrifício cristão, segundo o qual o *destinatário* do sacrifício é Deus, mas o *beneficiário* é o próximo, o homem. Como Cristo se ofereceu "ao Pai", "por nós" (cf. Ef 5,2).

Vejamos agora como este primeiro amor de Francisco pode ser encarnado na vida do franciscano de hoje. A partir da Bíblia, o leproso sempre foi o símbolo da marginalização, do sofrimento e da pobreza extrema. Por isso, não é difícil transferir o episódio de Francisco que beija o leproso para o contexto de hoje, marcado por outras formas de marginalização, sofrimento e pobreza. Francisco nos lembra que entre os "amores" do franciscano deve estar o amor pelos pobres, os leprosos de hoje. No entanto, um amor que seja fruto de conversão evangélica, não uma escolha polêmica ou puramente sociológica.

---

[3] Tomás de Celano, *Vida primeira*, VII, 17 (FF 348).

Francisco vê na caminhada até o leproso o momento em que "saiu do mundo"; sua escolha não foi sugerida por motivos mundanos, ainda que de compaixão e de piedade. Na história do cristianismo alguns chegaram a Cristo através dos pobres, ao passo que outros chegaram aos pobres através de Cristo. Aos primeiros pertencem, na antiguidade, Martinho de Tours e, mais perto de nós, a escritora e pensadora francesa Simone Weil; aos segundos pertencem Francisco, Madre Teresa de Calcutá e tantos outros santos.

É a própria celebração cotidiana da Eucaristia que nos impele para os pobres e os sofredores. A cada missa nós repetimos: "Tomai e comei, este é o meu corpo". Mas quem pronunciou estas palavras a respeito do pão também as pronunciou a respeito dos "leprosos". E o fez quando, falando do que se fez, ou não se fez, pelo que tem fome, está nu, doente, preso, disse: "A mim o fizestes (ou não o fizestes)". Na verdade, isso equivale a dizer: aquele corpo nu, aquele corpo faminto, aquele corpo cheio de chagas que encontrastes era o meu corpo. Era eu.

Esta verdade "explodiu" dentro de mim em toda a sua luz, precisamente enquanto me encontrava pregando aqui nas Filipinas há muitos anos. Ao lado dos esplendores e da opulência de alguns bairros desta capital, eu via também tantos espetáculos de miséria não diferentes daqueles que se veem em muitas grandes metrópoles: crianças, de roupas esfarrapadas, a barriga toda inchada e o rosto recoberto de moscas, pequenos grupos de pessoas que iam atrás de um caminhão de lixo na esperança de obter ali alguma coisa que acabara de ser jogada fora... De tanto ver essas imagens, comecei a ouvir uma voz ecoando dentro de mim: "Veja, Raniero, observe: aquele é o meu corpo!". Era impressionante.

O amor pelos pobres e pelos sofredores é, portanto, parte integrante do nosso carisma, embora as formas de traduzi-lo na prática tenham mudado. Devemos constatar com alegria que esse amor não está ausente na família franciscana de hoje. Em todas as partes do mundo, os filhos de Francisco se distinguem por iniciativas sociais: refeições gratuitas pelos pobres e os emigrados, comunidades de recuperação para aquelas que foram definidas como as "novas lepras" de hoje: dependência química e aids.

O amor pelos sacerdotes

Passemos ao segundo amor de Francisco no *Testamento*: o amor pelos sacerdotes. Ele se revela particularmente atual no contexto do ano sacerdotal lançado pelo papa Bento XVI pelos 150 anos da morte do Santo Cura d'Ars e no contexto do retiro espiritual de mais de cinquenta mil sacerdotes e bispos das Filipinas que estou dirigindo aqui em Manila:

> Depois o Senhor me deu e me dá tanta fé nos sacerdotes que vivem segundo a forma da santa Igreja de Roma, por causa de sua ordem, que, se me perseguirem, quero recorrer a eles. E, se tivesse tanta sabedoria quanto teve Salomão, e encontrasse sacerdotes pobrezinhos deste mundo, nas paróquias onde moram, não quero pregar contra a vontade deles. E a eles e todos os outros quero temer, amar e honrar como meus senhores, e não quero considerar pecado neles, porque neles vejo o Filho de Deus e são meus senhores.

Esse amor de Francisco pelos sacerdotes era ainda mais surpreendente na época em que ele escrevia. Hoje a Igreja está ferida e humilhada por causa dos atos abomináveis de alguns de seus ministros, mas a situação moral e intelectual do baixo clero na época de Francisco era, no conjunto, muito pior. Havia um enorme distanciamento entre o alto clero que se movia num mundo de feudatários e o clero comum, abandonado a si mesmo. As igrejas muitas vezes estavam reduzidas a celeiros, o concubinato era muito difundido, a ignorância, abissal. Foi escrito um artigo que descreve a situação do clero na época de Francisco com base nos cânones dos concílios e dos decretos dos papas[4].

A crítica dirigida a esse clero era um lugar-comum na literatura popular da época e às vezes as pessoas se revoltavam, obrigando o padre a fugir. Francisco reagiu com o amor que vimos. Não é apenas esta palavra do *Testamento*. O Pobrezinho fundamentou sua ordem no

---

[4] CORNET, B., *De reverentia corporis Christi*. Exhortation et lettres de Saint François, in *Etudes Franciscaines*, LVIII, 1956, 155-71.

princípio de que seus frades não deviam ser concorrentes dos párocos, mas servidores. Por isso, não quis que tivessem igrejas próprias, a não ser pequenos oratórios para seu uso pessoal, mas que prestassem seu serviço nas igrejas existentes.

Vamos ler um texto para, também em relação a isso, dar a palavra a Francisco, assim como para documentar como Francisco inculcava esse amor pelos sacerdotes diocesanos entre seus frades:

> Certa vez alguns frades disseram a Francisco: "Pai, não vês que às vezes os bispos não nos permitem pregar, obrigando-nos a ficar vários dias ociosos em certas cidades, antes de podermos falar ao povo? Seria mais conveniente que obtivesses um privilégio do senhor Papa, em benefício da salvação das almas". Francisco respondeu com tom contrariado: "Vós, frades menores, não conheceis a vontade de Deus e não me permitis converter todo o mundo, como Deus quer. Na verdade, eu pretendo antes de tudo converter os prelados com a humildade e o respeito. E, quando eles constatarem a nossa vida santa e a reverência com que os cercamos, eles próprios vos pedirão para pregar e converter o povo. E atrairão para vós o povo melhor que os privilégios por vós desejados, que vos induziriam à soberba. Se vos libertardes de todo benefício próprio e convencerdes o povo a respeitar os direitos das igrejas, os prelados vos pedirão para ouvir as confissões de seus fiéis[5].

O amor pela Eucaristia

Passemos ao terceiro amor de Francisco, estreitamente ligado ao precedente, o amor pela Eucaristia. É com ele que justifica o seu amor pelos sacerdotes. De fato, diz:

> E faço isso porque do altíssimo Filho de Deus nada vejo corporalmente, neste mundo, a não ser o santíssimo corpo e o seu sangue, que só eles consagram e só eles administram aos outros. E quero que esses santíssimos mistérios sobre todas as coisas sejam honrados, venerados e colocados em lugares preciosos.

---

[5] *Leg. per.*, 115 (FF 1674).

Para compreender essa sua insistência no decoro e no respeito que deve cercar o Santíssimo Sacramento, é preciso, também aqui, conhecer a situação da época. O estudo citado documenta o estado deplorável em que era mantida a Eucaristia e os esforços empreendidos pelos papas e concílios daquele tempo para corrigir os abusos mais graves[6]. O próprio Santo, numa carta a todos os clérigos, evoca alguns desses abusos:

> Cuidemos, todos os clérigos, para evitar o grande pecado e a ignorância que alguns têm sobre o santíssimo corpo e sangue de nosso Senhor Jesus Cristo [...]. Portanto, todos os que administram tão santíssimos mistérios considerem dentro de si, principalmente os que os administram sem o devido respeito, como são vis os cálices, os corporais e os panos usados para a consagração do corpo e do sangue de nosso Senhor Jesus Cristo. E é abandonado por muitos em lugares vis, é carregado de maneira lastimável, é recebido sem as devidas disposições e administrado sem reverência[7].

Nesse aspecto, como em tantas outras coisas, Francisco se tornou primoroso executor da reforma litúrgica determinada pelo IV Concílio de Latrão, especialmente com os cânones 19 e 20[8].

Essa insistência no decoro externo, embora sugerida por problemas particulares do momento, não deixa de ter importância para nós, sacerdotes de hoje. Mas o amor e o zelo de Francisco pela Eucaristia têm motivações mais profundas. Para ele, a Eucaristia é Cristo presente no seu "santíssimo corpo". São Leão Magno dizia que "tudo aquilo que havia de visível em nosso Senhor Jesus Cristo passou, depois de sua Ascensão, para os sinais sacramentais"[9].

Tudo aquilo que Greccio e Alverne representam na tradição franciscana, "a pobreza da encarnação e a caridade da paixão"[10], tudo se concentra para ele na Eucaristia. Para ele, a Eucaristia não é um rito,

---

[6] CORNET, B., *Le "De reverentia corporis Christi"*..., cit., 157-162.
[7] *Carta a todos os clérigos* (FF 207-209).
[8] Cf. HEFELE, C. J., *Concilies*, 1348-1350, cit. em CORNET, B., *Le "De reverentia corporis Christi"*..., cit., 162.
[9] LEÃO MAGNO, *Discurso 2 sobre a Ascensão*, 2 (PL 54, 398).
[10] TOMÁS DE CELANO, *Vida primeira*, XXX, 84 (FF 467).

um mistério, uma verdade, um dogma, um sacramento, mesmo que seja o mais sublime; é uma pessoa viva, humilde, indefesa; é Deus, que colocou seu corpo entre as mãos, como diz um canto eucarístico dos nossos dias. Ouçamos algumas palavras de Francisco a esse respeito:

> Considerai a vossa dignidade, irmãos sacerdotes, *e sede santos, porque ele é santo* (Lv 11,44). E, assim como o Senhor Deus vos honrou acima de todos, por causa desse mistério, assim vós, mais que todos, deveis amá-lo, reverenciá-lo e honrá-lo. Seria uma grande desgraça e um terrível mal se, tendo-o assim presente, ainda vos ocupásseis de qualquer outra coisa em todo o universo! Estremeça toda a humanidade, trema todo o universo e o céu exulte quando, sobre o altar, nas mãos do sacerdote, estiver o Cristo, filho de Deus vivo. Ó admirável grandeza, ó maravilhosa condescendência! Ó sublime humildade! Ó sublime humildade, que o Senhor do universo, Deus e Filho de Deus, assim se humilhe a ponto de se esconder, para a nossa salvação, na modesta aparência do pão! Vede, irmãos, a humildade de Deus, e *abri diante dele os vossos corações* (Sl 61,9); *humilhai-vos* também vós, para que ele vos *exalte* (1Pd 5,6). Portanto, nada de vós retenhais para vós mesmos, para que totalmente vos receba quem totalmente se vos dá[11].

A última frase expressa a ligação existente entre a Eucaristia e a vida do sacerdote. O sacerdote e, em outra condição, todo cristão, não pode se contentar em celebrar a Eucaristia; deve *ser* Eucaristia. A frase pronunciada pelo bispo no momento da nossa ordenação (eu me lembro dela em latim) dizia: "*Agnoscite quod agitis imitamini quod tractatis*", que significa: reconhecei o que fazeis, imitai (na vida) o que fazeis (no altar). Um grande mestre espiritual francês, o padre Olivaint, dizia: "Le matin, moi prêtre, lui victime; le long du jour lui prêtre, moi victime – Pela manhã, eu sacerdote, ele (Jesus) vítima; ao longo do dia, ele (Jesus) sacerdote, eu vítima".

Muitas coisas mudaram em meu modo de celebrar a Eucaristia no dia em que comecei a dizer as palavras da consagração não apenas "*in*

---

[11] *Aos frades* (FF 220).

persona Christi", em nome de Cristo, mas também *in persona propria*, em primeira pessoa. "Tomai, comei, irmãos e irmãs: este é o meu corpo – o meu tempo, as minhas energias, recursos, capacidades – oferecido em sacrifício por vós... Tomai, comei, este é o meu sangue – meus sofrimentos, insucessos, doenças – derramado por vós." Levadas a sério, essas palavras podem transformar toda a jornada do religioso numa eucaristia. Dizem que "a Eucaristia faz a Igreja", e é verdade; mas agora sabemos como a Eucaristia faz a Igreja: a Eucaristia faz a Igreja fazendo da Igreja uma eucaristia!

A palavra de Deus

Em Francisco, o amor pela palavra de Deus é inseparável do amor pela Eucaristia. A esse respeito ele afirma no *Testamento*:

> E, onde quer que encontre os santíssimos nomes e suas palavras escritas em lugares desonroso, quero recolhê-los e rogo que sejam recolhidos e colocados num lugar decoroso. E também devemos honrar e respeitar todos os teólogos e aqueles que anunciam a palavra divina, assim como aqueles que nos dão o espírito e a vida.

Numa carta, Francisco fala das "fragrantes palavras do Senhor"[12]; assim, implicitamente compara as palavras de Deus a tecidos perfumados. O belo texto sobre a Eucaristia que citamos acima da *Carta a toda a Ordem* é seguido imediatamente de um trecho igualmente vibrante sobre a palavra de Deus:

> Advirto por isso a todos os meus irmãos e em Cristo os conforto a que, onde quer que encontrem palavras de Cristo escritas, as tratem com todo o respeito possível e, no que depender deles, se elas não estiverem bem guardadas ou jazerem dispersas em lugares inconvenientes, as recolham e as guardem, honrando na sua palavra o Senhor que as pronunciou. De

---

[12] *Aos fiéis* (FF 180).

fato, muitas coisas *são santificadas* mediante as palavras de Deus (1Tm 4,5), e em virtude das palavras de Cristo se celebra o sacramento do altar[13].

Para Francisco, as palavras divinas, assim como os divinos mistérios, são aspectos da presença viva de Cristo. Daí aquele sentido de concretude e cuidado também material com o qual deseja vê-las circundadas. Para ele, a palavra de Deus é uma realidade quase material e palpável. Como para a Bíblia, em que a palavra é algo que "cai" sobre Israel, que "vem" ou "pousa" sobre o profeta, que é ativa e operante como a chuva, o orvalho, o fogo e o martelo (cf. Jr 23,29). Francisco experimentou esse poder da palavra em sua vida e o lembra precisamente neste ponto de seu *Testamento*:

E, depois que o Senhor me deu frades, ninguém me ensinava o que eu deveria fazer, mas o próprio Altíssimo me revelou que eu deveria viver segundo a forma do santo Evangelho. E eu o fiz escrever em poucas palavras e simplesmente, e o senhor Papa confirmou para mim.

Alude ao episódio bem conhecido da tripla abertura ao acaso do Evangelho da qual obteve a revelação sobre o que devia fazer[14]. Podemos ter algumas restrições sobre essa maneira de utilizar a Escritura abrindo-a ao acaso, mas a história da Igreja está repleta de episódios como esse que assinalaram o início de vocações e novas realidades. Foi assim que nasceu a vocação eremítica de Santo Antão, que se concretizou a vocação de Agostinho, que Teresa de Lisieux, lendo 1 Coríntios 12–13, descobriu a sua vocação na Igreja.

Naturalmente, nem sempre é necessário e aconselhável recorrer a esse método. Às vezes, mais que *abrir* a Escritura ao acaso, trata-se de *ouvi-la* por acaso; ou seja, de estar com os ouvidos sempre bem abertos, de modo a reconhecer uma palavra de Deus para nós no momento que ela é proclamada, por exemplo, na liturgia. Mais que à tripla

---

[13] *Aos frades* (FF 224, 225).
[14] Cf. *Três companheiros*, 29 (FF 1431).

abertura ao acaso dos Evangelhos, Tomás de Celano atribui a opção de vida de Francisco à escuta do Evangelho do envio dos apóstolos, ocorrida durante uma Santa Missa[15]. "De fato – conclui o biógrafo –, ele jamais fora um ouvinte surdo do Evangelho, mas, confiando a uma invejável memória tudo o que ouvia, procurava diligentemente executá-lo ao pé da letra."[16] Trata-se, portanto, de estar com os ouvidos bem abertos para captar "no ar" a palavra a nós destinada, entre todas aquelas que ouvimos ou lemos.

A palavra é o instrumento número um para atrair os homens para o Evangelho e convertê-los para Deus. "A fé nasce da escuta do querigma" (cf. Rm 10,17). A palavra é o arado que abre a terra e traça o sulco; todo o resto vem depois: liturgia, catequese, parênese, atividade caritativa, tudo. O anúncio da palavra é o lugar em que mais claramente se faz experiência de paternidade: "fui eu que vos *gerei* em Cristo Jesus, pelo o Evangelho", diz Paulo aos Coríntios (1Cor 4,15). Muitas crises sacerdotais devem-se ao fato de que não se faz a experiência inspiradora dessa paternidade diferente da carnal, mas não menos verdadeira e infinitamente mais profunda. Mediante a palavra de Deus renascemos não de uma semente corruptível, mas imortal (cf. 1Pd 1,23).

Senhora Pobreza

E encontramos no *Testamento* o último (ou o primeiro?) amor de Francisco, o amor pela Senhora Pobreza:

> Cuidem os frades de não aceitar de modo algum igrejas, habitações pobrezinhas e tudo o que para eles for construído, se não forem como convém à santa pobreza, que prometemos na Regra, sempre hospedando-vos como *forasteiros* e *peregrinos* (cf. 1Pd 2,11). Ordeno firmemente por obediência a todos os frades que, onde quer que estejam, não ousem pedir letra alguma à cúria romana diretamente ou por alguma pessoa

---

[15] Cf. TOMÁS DE CELANO, *Vida primeira*, IX, 22 (FF 356); *Vida segunda*, X, 15 (FF 601).
[16] TOMÁS DE CELANO, *Vida primeira*, IX, 22 (FF 357).

intermediária, nem para as igrejas, nem para outros lugares, nem por motivo da pregação, nem pela perseguição de seus corpos, mas, onde quer não sejam recebidos, que fujam para outra terra para fazer penitência com a bênção de Deus[17].

Num capítulo de sua *Legenda maior*, São Boaventura sintetizou o amor de Francisco pela pobreza, evidenciando também seu aspecto mais interior e espiritual, a pobreza de prestígio, de amor-próprio. Para ter uma ideia menos superficial e menos estereotipada da pobreza de Francisco é preciso ler esse capítulo. Ouçamos ao menos alguns trechos dele, porque não podemos nos aproximar do Pobrezinho sem nos interessar pelo que Dante chama "a mulher mais amada" que Francisco antes de morrer recomendou a seus frades como "justa herança", ou seja, como seus herdeiros naturais[18]:

> Não houve ninguém tão ávido de ouro quanto Francisco da pobreza; ninguém mais desejoso de tesouros quanto Francisco desta pérola evangélica. Nada ofendia mais seus olhos que isto: ver nos frades algo que não estivesse inteiramente em harmonia com a pobreza. Quanto a ele, desde o início de sua vida religiosa até a morte, teve estas riquezas: uma túnica, um cordão e as roupas de baixo; e contentou-se com isso. Frequentemente recordava, chorando, a pobreza de Jesus Cristo e de sua Mãe, e afirmava que esta é a rainha das virtudes, porque a vemos brilhar com tanto fulgor, mais que todas as outras, no *Rei dos reis* (cf. 1Tm 6,15) e na Rainha, sua Mãe. [...] Na pobreza, Francisco desejava superar todos os outros, ele que precisamente da pobreza aprendera a se julgar inferior a todos[19].

O *Testamento* que comentamos termina com uma longa bênção que, tenho certeza, Francisco estende agora a nós, seus filhos do século XXI:

---

[17] *Testamento*, 28-32 (FF 122-123).
[18] *Paraíso*, XI, 112-114.
[19] BOAVENTURA, *Leg. maior*, VII (FF 1117-1133).

E todo aquele que observar estas coisas, no céu seja repleto da bênção do altíssimo Pai, e na terra seja repleto da bênção de seu dileto Filho com o santíssimo Espírito Paráclito e de todas as virtudes do céu e de todos os santos. E eu, irmão Francisco, o menor dos frades, vosso servo, como posso, vos confirmo por dentro e por fora esta santíssima bênção. Amém.

XI
FRANCISCO DE ASSIS E O RETORNO AO EVANGELHO*

O objetivo destas meditações de Advento é preparar-nos para o Natal na companhia de Francisco de Assis. Nesta meditação, gostaria de evidenciar a natureza de seu retorno ao Evangelho. Em seu estudo sobre *Verdadeira e falsa reforma na Igreja*, o teólogo Yves Congar vê em Francisco o exemplo mais claro de reforma da Igreja por intermédio da santidade[1]. Gostaríamos de tentar compreender em que consistiu sua reforma por meio da santidade e o que seu exemplo implica em todas as épocas da Igreja, incluindo a nossa.

A conversão de Francisco

Para compreender um pouco da aventura de Francisco, precisamos partir de sua conversão. Nas fontes há diversas descrições de tal evento, com notáveis diferenças entre elas. Por sorte, temos uma fonte absolutamente confiável que nos dispensa de escolher entre as várias versões. Temos o testemunho do próprio Francisco em seu *Testamento*, sua *ipsissima vox*, como se diz das palavras inegavelmente de Cristo reproduzidas no Evangelho. Ei-lo:

> O Senhor concedeu a mim, irmão Francisco, que começasse a fazer penitência assim: porque, como eu estava no pecado, parecia-me demasiado

---

* Meditação realizada na Casa Pontifícia, na presença do papa Francisco, no Advento de 2013, publicada no livro *Innamorato di Cristo. Il segreto di Francesco d'Assisi*, Milano, Àncora, 2015.
[1] CONGAR, Y. *Vera e falsa reforma nella Chiesa*, Milano, Jaca Book, 1972, 194.

amargo ver os leprosos. E o próprio Senhor me levou para o meio deles, e fui misericordioso com eles. E, afastando-me deles, o que me parecia amargo converteu-se para mim em doçura da alma e do corpo. E depois me demorei mais um pouco e saí do mundo.

É nesse texto que corretamente se baseiam os historiadores, mas com um limite para eles intransponível. Os historiadores, até mesmo os mais bem-intencionados e mais respeitosos da peculiaridade da vida de Francisco, como foi, entre os italianos, Raoul Manselli, não conseguem compreender o motivo último de sua mudança radical. Detêm-se – justamente por respeito ao próprio método – no limiar, falando de um "segredo de Francisco", destinado a permanecer um segredo para sempre.

O que se consegue constatar, dizem os historiadores, é a decisão de Francisco de mudar sua condição social. De pertencente à classe abastada, que contava na cidade pela nobreza ou riqueza, ele resolveu se colocar no extremo oposto, compartilhando a vida dos últimos, dos que não tinham importância nenhuma, os chamados "menores", afligidos por todos os tipos de pobreza.

Com razão, os historiadores insistem no fato de que, no início, Francisco não escolheu a pobreza e muito menos o pauperismo; escolheu os pobres! A mudança é motivada mais pelo mandamento: "Ama o teu próximo como a ti mesmo" que pelo conselho: "Se queres ser perfeito, vai, vende tudo o que tens e dá aos pobres, depois vem e segue-me". O que o movia era mais a compaixão pelos pobres que a busca da própria perfeição, mais a caridade que a pobreza.

Tudo isso é verdade, mas ainda não chega ao cerne do problema. É o efeito da mudança, não sua causa. A verdadeira escolha é muito mais radical: não se tratou de escolher entre riqueza e pobreza, nem entre ricos e pobres, entre pertencer a uma classe e não a outra, mas de escolher entre si mesmo e Deus, entre salvar a própria vida ou perdê-la para o Evangelho.

Alguns (por exemplo, em tempos mais recentes, Simone Weil) chegaram a Cristo por intermédio do amor pelos pobres, ao passo que outros que chegaram aos pobres partindo do amor por Cristo. Francisco integra este segundo grupo. O motivo profundo da sua conversão não é de natureza social, mas evangélica. Jesus formulou a lei de uma vez por todas com uma das frases mais solenes e certamente mais autênticas do Evangelho:

> Se alguém quer me seguir, renuncie a si mesmo, tome a sua cruz e siga-me; pois quem quiser salvar a sua vida vai perdê-la; mas quem perder a vida por amor de mim vai encontrá-la de novo (Mt 16,24-25).

Beijando o leproso, Francisco renunciou a si mesmo naquilo que sua natureza considerava mais "amargo" e repugnante. Fez violência a si mesmo. Seu primeiro biógrafo não deixou de notar o detalhe e assim descreveu o episódio:

> Um dia um leproso parou diante dele: *fez violência a si mesmo*, aproximou-se dele e o beijou. Desde aquele momento *decidiu desprezar-se cada vez mais*, até que, pela misericórdia do Redentor, obteve plena vitória[2].

Francisco não procurou os leprosos por sua própria vontade, motivado por uma compaixão humana e religiosa. "O Senhor conduziu-me até eles", escreveu. É em relação a esse pequeno detalhe que os historiadores não sabem – nem poderiam saber – opinar. E de fato ele é a origem de tudo. Jesus tinha preparado o coração de Francisco para que, no momento certo, sua liberdade respondesse à graça. O sonho de Spoleto serviu para isso, assim como a pergunta sobre se preferia servir o servo ou o patrão, além da doença, da prisão em Perúgia e daquele estranho mal-estar que já não lhe permitia encontrar alegria nas diversões e o impelia a buscar lugares solitários.

Embora Francisco não pensasse que Jesus em pessoa assumira as aparências de um leproso (como mais tarde se tentou levar a crer, remetendo ao caso similar da vida de São Martinho de Tours[3]), naquele

---

[2] TOMÁS DE CELANO, *Vida primeira*, VII, 17 (FF 348).
[3] Cf. TOMÁS DE CELANO, *Vida segunda*, V, 9 (FF 592).

momento o leproso representava para ele Jesus em todos os aspectos. Ele não dissera: "A mim o fizestes"? Naquele momento, Francisco escolheu entre si mesmo e Jesus. Sua conversão tem a mesma natureza que a de Paulo. A certa altura, para Paulo o que antes fora "lucro" mudou e se tornou "perda", "por amor de Cristo" (Fl 3,5ss); para Francisco, o que fora amargo converteu-se em doçura, igualmente "por Cristo". Depois desse momento, ambos podem dizer: "Já não sou eu quem vive, é Cristo que vive em mim".

Diante de tudo isso, convém retificar certa imagem de Francisco popularizada pela literatura posterior e aceita por Dante na *Divina Comédia*. A famosa metáfora das bodas de Francisco com a Senhora Pobreza, que marcou profundamente a arte e a poesia franciscanas, pode ser enganosa. Não nos apaixonamos por uma virtude, nem sequer pela pobreza; apaixonamo-nos por uma pessoa. Assim como as de outros místicos, as bodas de Francisco foram um casamento com Cristo.

Certa noite, os companheiros, ao ver Francisco estranhamente ausente e com o rosto brilhante, perguntaram-lhe se ele pretendia ter uma mulher, e o jovem respondeu: "Terei a mais nobre e bela esposa que jamais viram". Essa resposta geralmente é mal interpretada. O contexto evidencia que a esposa não é a pobreza, e sim o tesouro escondido e a pérola preciosa, ou seja, Cristo. Tomás de Celano, ao narrar o episódio, comenta: "Esposa é a verdadeira religião que ele abraçou; e o reino dos céus é o tesouro escondido que ele buscou"[4].

Francisco não se casou com a pobreza, nem com os pobres; casou-se com Cristo, e por amor a ele casou-se, por assim dizer "em segundas núpcias", com a Senhora Pobreza. Na santidade cristã será sempre assim. O fundamento do amor pela pobreza e pelos pobres é o amor por Cristo; do contrário, os pobres serão instrumentalizados, de um modo ou de outro, e a pobreza facilmente passará a ser um fato polêmico contra a Igreja, ou uma ostentação de maior perfeição diante de outros na Igreja, como infelizmente ocorreu também com alguns dos

---

[4] Cf. Tomás de Celano, *Vida primeira*, III, 7 (FF 331).

seguidores do Pobrezinho. Nos dois casos, a pobreza passa a ser a pior forma de riqueza, a da própria justiça.

Reformador sem querer

Como um evento tão íntimo e pessoal, como a conversão do jovem Francisco, impulsionou um movimento que ao mesmo tempo transformou o rosto da Igreja e influenciou tanto a história, até nossos dias?

Para responder a essa pergunta, temos de dar uma olhada na situação da época. Nos tempos de Francisco, todos sentiam que a reforma da Igreja era necessária, embora nem sempre tivessem consciência disso. O corpo da Igreja passava por tensões e lacerações profundas. De um lado, havia a Igreja institucional – papa, bispos, alto clero – desgastada por seus eternos conflitos e por suas alianças muito próximas com o império. Uma Igreja considerada muito distante, envolvida em assuntos que não diziam respeito aos interesses mais imediatos do povo. Em seguida, vinham as grandes ordens religiosas, não raro marcadas pela cultura e pela espiritualidade em decorrência das várias reformas do século XI, entre as quais a Cisterciense, mas fatalmente identificadas com os grandes proprietários de terras, com os senhores feudais da época, próximas do povo comum e, não obstante, com problemas e padrões de vida que as distanciavam dele.

No lado oposto, existia uma sociedade que começava a emigrar do campo para a cidade na tentativa de se libertar das várias servidões. Essa parte da sociedade identificava a Igreja com as classes dominantes, das quais queria se libertar. Desse modo, não hesitava em se alinhar com os que a contradiziam e a combatiam: hereges, grupos radicais e pauperísticos, ao passo que via com bons olhos o baixo clero, que, embora muitas vezes carecesse da estatura espiritual dos prelados, estava mais próximo das pessoas.

Não faltavam, portanto, fortes tensões que cada um tentava explorar em benefício próprio. A hierarquia procurava responder a essas tensões aprimorando a própria organização e reprimindo os abusos, tanto internamente (luta contra a simonia e o concubinato dos padres) quanto externamente na sociedade. Os grupos hostis, por sua vez, faziam de tudo para acirrar as tensões, radicalizando o conflito com a hierarquia e criando movimentos mais ou menos cismáticos. Todos brandiam contra a Igreja o ideal da pobreza e simplicidade evangélica, transformando-o numa arma polêmica, mais que num ideal espiritual a ser vivido com humildade. Desse modo, chegavam a questionar até o ministério da Igreja, o sacerdócio e o papado.

Estamos habituados a ver Francisco como o homem providencial que percebe essas demandas populares de renovação, purifica-as de toda carga polêmica e as traz de volta ou as realiza na Igreja em profunda comunhão e submissão a ela. Vemos Francisco, portanto, como uma espécie de mediador entre os hereges rebeldes e a Igreja institucional. Um famoso manual de história da Igreja apresenta sua missão desta maneira:

> Já que a riqueza e o poder da Igreja muitas vezes se revelavam uma fonte de graves males e os hereges da época a transformavam em argumento para as principais acusações contra ela, em algumas almas piedosas nasceu o nobre desejo de restaurar a vida pobre de Jesus e da Igreja primitiva, para desse modo poder influenciar mais eficazmente o povo com a palavra e o exemplo[5].

Entre essas almas, naturalmente situa-se em primeiro lugar, junto com São Domingos, Francisco de Assis. O historiador protestante Paul Sabatier, embora tão dedicado aos estudos franciscanos, tornou quase canônica entre os historiadores, e não somente entre os leigos e protestantes, a tese de que o cardeal Ugolino (o futuro papa Gregório IX) tencionara levar Francisco para a Cúria, de modo a controlar melhor a carga crítica e revolucionária do seu movimento[6]. Na prática, é a tentativa de transformar Francisco em precursor de Lutero, ou seja, um reformador mais por intermédio das críticas que da santidade.

---

[5] BIHLMEYER, K.; TÜCKLE, H., *Storia della Chiesa*, II, Brescia, Morcelliana, 2009, 239.
[6] Cf. SABATIER, P., *Vita di san Francesco d'Assisi*, cit. (ed. original, Paris, 1894).

Não sei se é possível atribuir essa intenção de instrumentalizá-lo a algum dos grandes protetores e amigos de Francisco. Parece difícil atribuí-la ao cardeal Ugolino e ainda menos a Inocêncio III, famoso por sua ação reformadora e pelo apoio dado às várias formas novas de vida espiritual surgidas em sua época, incluindo precisamente os frades menores, os dominicanos, os *humiliati* [humilhados] milaneses. Seja como for, uma coisa é absolutamente certa: aquela intenção nunca passou pela mente de Francisco. Ele jamais pensou em ser chamado para reformar a Igreja.

Precisamos estar atentos para não tirar conclusões equivocadas das famosas palavras do Crucifixo de São Damião: "Vai, Francisco, e restaura a minha Igreja, que, como vês, está em ruínas"[7]. As próprias fontes nos garantem que ele compreendeu aquelas palavras no sentido bastante modesto de ter que reparar materialmente a igrejinha de São Damião. Foram os discípulos e os biógrafos que relacionaram – e, é preciso dizer, não sem razão – aquelas palavras à Igreja instituição e não apenas à igreja edifício. Ele permaneceu sempre na sua interpretação literal e, de fato, continuou a reparar outras igrejinhas dos arredores de Assis que estavam em ruínas.

O sonho em que Inocêncio III teria visto o Pobrezinho sustentar em seus ombros a Igreja de Latrão desmoronando também não diz nada demais. Supondo que o fato seja histórico (de fato, um episódio análogo também é narrado acerca de São Domingos), o sonho foi do papa, não de Francisco! Ele jamais foi visto como o vemos hoje no afresco de Giotto. Isso significa ser reformador por intermédio da santidade: sê-lo, sem sabê-lo!

O Evangelho ao pé da letra

Se não quis ser um reformador, o que Francisco quis ser e fazer? Também em relação a isso temos a sorte de ter o testemunho direto do Santo em seu *Testamento*:

---

[7] Tomás de Celano, *Vida segunda*, VI, 10 (FF 593).

E, depois que o Senhor me deu irmãos, ninguém me mostrou o que eu deveria fazer; mas o próprio Altíssimo me revelou que eu deveria viver segundo a forma do santo Evangelho. E eu com poucas palavras e simplesmente o fiz escrever, e o senhor Papa o confirmou.

Alude ao momento em que, durante uma Missa, escutou a passagem do Evangelho em que Jesus envia seus discípulos dizendo: "E os enviou a proclamar o Reino de Deus e a curar os doentes. Disse-lhes então: 'Não leveis nada para a viagem, nem bordão, nem sacola, nem pão, nem dinheiro; nem tenhais duas túnicas'" (Lc 9,2-3)[8]. Foi uma revelação impressionante, daquelas que orientam toda uma vida. Desde aquele dia foi clara a sua missão: um retorno simples e radical ao Evangelho real, aquele vivido e pregado por Jesus; restaurar no mundo a forma e o estilo de vida de Jesus e dos apóstolos descrito nos Evangelhos. Escrevendo a Regra para seus frades, começará assim: "A regra e a vida dos frades menores é esta: observar o santo Evangelho de nosso Senhor Jesus Cristo".

Francisco não teorizou essa sua descoberta, transformando-a no programa para a reforma da Igreja. Ele realizou em si a reforma e assim indicou tacitamente à Igreja o único caminho para sair da crise: reaproximar-se do Evangelho, reaproximar-se dos homens e especialmente dos humildes e dos pobres.

Esse retorno ao Evangelho reflete-se antes de tudo na pregação de Francisco. É surpreendente, mas todos perceberam: o Pobrezinho fala quase sempre de "fazer penitência". A partir de então, diz Tomás de Celano, com grande fervor e exultação, ele começou a pregar a penitência, edificando todos com a simplicidade de sua palavra e a magnificência de seu coração. Onde quer que fosse, Francisco dizia, recomendava, suplicava que fizessem penitência[9].

O que Francisco compreendia com esta palavra que ele prezava tanto? Em relação a isso, incorremos (pelo menos eu o fiz por muito tempo) em erro. Reduzimos a mensagem de Francisco a uma simples exortação moral, a um bater-se no peito, angustiar-se e mortificar-se

---

[8] *Três companheiros*, VIII (FF 1.431s).
[9] Tomás de Celano, *Vida primeira*, X, 23 (FF 358).

para expiar os pecados, enquanto ela tem toda a vastidão e a amplitude do Evangelho de Cristo. Francisco não exortava a fazer "penitências", mas a fazer "penitência" (no singular!) que, como veremos, é algo totalmente diferente.

O Pobrezinho, exceto nos poucos casos que conhecemos, escrevia em latim. E o que encontramos no texto latino, do Testamento, quando escreve: "O Senhor deu a mim, irmão Francisco, começar a fazer penitência assim"? Encontramos a expressão *"poenitentiam agere"*. Sabe-se que ele gostava de se expressar com as mesmas palavras de Jesus. E aquela palavra – fazer penitência – é a palavra com a qual Jesus começou a pregar e que repetia em cada cidade e aldeia onde ia:

> Depois que João foi encarcerado, Jesus se dirigiu à Galileia. E proclamava o Evangelho de Deus, dizendo: "Completou-se o tempo. Chegou o Reino de Deus. Convertei-vos e crede no Evangelho" (Mc 1,14-15).

A palavra que hoje se traduz com "convertei-vos" ou "arrependei-vos", no texto da Vulgata usado pelo Pobrezinho, soava *"poenitemini"* e em Atos 2,37 ainda mais literalmente *"poenitentiam agite"*, fazei penitência. Francisco nada fez além de relançar o grande apelo à conversão com o qual se inicia a pregação de Jesus no Evangelho e a dos apóstolos no dia de Pentecostes. Ele não precisou explicar o que entendia por "conversão": sua vida o mostrou.

Francisco fez em sua época o que no tempo do Concílio Vaticano II se tentou fazer com o lema "quebrar as muralhas": quebrar o isolamento da Igreja, trazê-la de novo para o contato com o povo. Um dos fatores obscuros do Evangelho era a transformação da autoridade compreendida como serviço em autoridade compreendida como poder, que produzira infinitos conflitos dentro e fora da Igreja. Francisco, por sua vez, resolve o problema em sentido evangélico. Na sua Ordem, novidade absoluta, os superiores se chamarão ministros, ou seja, servos, e todos os outros frades, ou seja, irmãos.

Outro muro de separação entre a Igreja e o povo era a ciência e a cultura, cujo monopólio pertencia, na prática, ao clero e aos monges.

Francisco sabe disso e, portanto, assume a posição drástica que sabemos sobre este ponto. Ele não é contrário à ciência-conhecimento, mas à ciência-poder; a ciência que privilegia os que sabem ler sobre os que não sabem ler e lhes permite ordenar com altivez ao irmão: "Traga-me o breviário". Durante o famoso Capítulo das Esteiras, a alguns dos seus irmãos que o queriam impelir a se adequar à atitude das "ordens" cultas do tempo, respondeu com palavras de fogo, que, como podemos ler, fizeram os frades ser tomados pelo temor:

Irmãos, meus irmãos, Deus me chamou para trilhar o caminho da simplicidade e o mostrou para mim. Não quero, portanto, que me citem outras Regras, nem a de Santo Agostinho, nem a de São Bernardo ou a de São Bento. O Senhor revelou-me ser sua vontade que eu fosse um idiota no mundo: esta é a ciência à qual Deus quer que nos dediquemos! Ele vos confundirá por meio da vossa própria ciência e sabedoria[10].

Sempre a mesma atitude coerente. Ele quer para si e para seus irmãos a mais rígida pobreza, mas, na Regra, exorta-os a "não desprezar e a não julgar os homens que vêm vestidos com hábitos finos e coloridos e usar comidas e bebidas finas, mas sim cada um julgue e despreze a si mesmo"[11]. Escolhe ser um iletrado, mas não condena a ciência. Uma vez assegurado que a ciência não extinga "o espírito da santa oração e devoção", será ele mesmo a permitir a frei Antônio dedicar-se ao ensino da teologia, e São Boaventura não pensa que está traindo o espírito do fundador ao abrir a ordem aos estudos nas grandes universidades.

Yves Congar vê nisso uma das condições essenciais da "verdadeira reforma" na Igreja, ou seja, a reforma que permanece tal e não se transforma em cisma: isto é, a capacidade de não absolutizar a própria intuição, mas permanecer solidário com o todo que é a Igreja[12]. A convicção, diz o papa Francisco na sua recente exortação apostólica *Evangelii gaudium*, de que "o todo é superior à parte".

---

[10] *Leg. Per.*, 114 (FF 1673).
[11] *Regra bulada*, II.
[12] Sobre as condições da verdadeira reforma, ver CONGAR, Y., *Vera e falsa reforma nella Chiesa*, cit., 177ss.

Como imitar Francisco

O que a experiência de Francisco nos diz nos dias de hoje? O que todos nós podemos imitar dele, imediatamente? Quer os que Deus chama a reformar a Igreja por meio da santidade, quer os que se sentem chamados a renová-la mediante a crítica, quer, ainda, os que ele mesmo chama a reformá-la por intermédio do cargo que ocupam? A mesma coisa com a qual começou a aventura espiritual de Francisco: a sua conversão do eu a Deus, a sua negação de si mesmo. É assim que nascem os verdadeiros reformadores, os que realmente mudam algo na Igreja. Os mortos para si mesmos. Ou melhor, os que *decidem* seriamente morrer para si mesmos, porque se trata de uma missão que dura a vida inteira e também além, se, como dizia brincando santa Teresa de Ávila, o nosso amor-próprio morre vinte minutos depois de nós.

Um santo monge ortodoxo, Silvano do Monte Atos, dizia: "Para ser verdadeiramente livre, é necessário começar a 'prender' a si mesmo". Homens como estes são livres com a liberdade do Espírito; nada os detém e já não se assustam com nada. Tornam-se reformadores por intermédio da santidade, e não apenas pela função que exercem.

Mas o que significa a proposta de Jesus de renegar a si mesmos? Ainda podemos propô-la a um mundo que só fala de autorrealização e de autoafirmação? A negação nunca é fim em si mesma, nem um ideal em si. O mais importante é a expressão positiva: *Se queres seguir-me*, é o seguir Cristo, possuir Cristo. Dizer não a si mesmo é o meio; dizer sim a Cristo é o fim. Paulo a apresenta como uma espécie de lei do espírito: "se, pelo Espírito, fazeis morrer as obras da carne, vós vivereis" (Rm 8,13). Isso, como podemos ver, é um morrer para viver; é o oposto da visão filosófica segundo a qual a vida humana é "um viver para morrer" (Heidegger).

Trata-se de saber se queremos viver "para nós mesmos" ou "para o Senhor" (cf. 2Cor 5,15; Rm 14,7-8). Viver "para si mesmo" significa viver para o próprio conforto, para a própria glória, para o próprio progresso; viver "para o Senhor" significa recolocar sempre em primeiro lugar, nas nossas intenções, a glória de Cristo, os interesses do Reino e da Igreja. Cada "não", pequeno ou grande, dito a si mesmo por amor, é um sim dito a Cristo.

Não se trata, porém, de saber tudo sobre a negação cristã, sobre sua beleza e necessidade; trata-se de partir para a ação, de praticá-la. Um grande mestre de espírito da antiguidade dizia:

> É possível despedaçar dez vezes a própria vontade em pouquíssimo tempo; e vos digo como. A pessoa está passeando e vê algo; seu pensamento lhe diz: "Olha para lá", mas ela responde ao seu pensamento: "Não, não vou olhar", e assim despedaça a própria vontade. Depois encontra outros que estão falando mal de alguém, talvez do superior, e seu pensamento lhe diz: "Conte também você o que sabe", e despedaça a sua vontade calando-se[13].

Esse antigo Padre traz exemplos extraídos todos da vida monástica. Mas eles podem ser atualizados e adaptados facilmente para a vida de cada um, clérigos e leigos. Encontros, se não com um leproso como Francisco, com um pobre que você sabe que vai lhe pedir algo; seu homem velho o impele a passar do lado oposto do caminho, e você, pelo contrário, se faz violência e vai ao encontro dele, talvez presenteando-o apenas com um cumprimento e um sorriso, se não pode fazer outra coisa. Alguém contestou uma de suas ideias e tocou seu ponto fraco; você gostaria de rebater com veemência, mas ao invés disso fica em silêncio e espera: despedaçou o seu eu. Acredita que foi injustiçado, que recebeu um tratamento ou um destino que não merecia: gostaria que todos percebessem, fechando-se num silêncio cheio de tácita reprovação. Mas você diz não, rompe o silêncio, sorri e reinicia o diálogo. Negou a si mesmo e salvou a caridade. E assim por diante.

Uma meta difícil (e quem diz isso está bem longe de tê-la atingido), mas a história de Francisco nos mostrou o que pode nascer de uma negação de si mesmo feita em resposta à graça. O prêmio é a alegria de poder dizer, com Paulo e com Francisco: "Já não sou quem vive, é Cristo que vive em mim". E será o início da alegria e da paz, já nesta terra. Francisco, com sua "perfeita alegria", é o exemplo vivo da "alegria que vem do Evangelho", a *Evangelii gaudium*.

---

[13] DOROTEU DE GAZA, *Obras espirituais*, I, 20 (SCh 92, 177).

XII
A HUMILDADE DE FRANCISCO DE ASSIS*

O mundo admira Francisco e é fascinado por sua figura porque vê realizados nele os valores aos quais todos os homens aspiram: a liberdade, a paz consigo mesmo e com a criação, a alegria, a fraternidade universal. Há uma qualidade de Francisco à qual o mundo não aspira de modo algum, ou bem poucos o fazem, mas que é, ao contrário, a raiz da qual brotaram nele todos os outros valores tão apreciados: sua humildade. Segundo Dante Alighieri, toda a glória de Francisco depende do seu "ter-se feito pequeno"[1], ou seja, de sua humildade.

Humildade objetiva e humildade subjetiva

Mas em que consistiu a humildade de São Francisco? Em todas as línguas pelas quais a Bíblia passou para chegar até nós, ou seja, em hebraico, em grego, em latim e em italiano, a palavra "humildade" possui dois significados fundamentais: um *objetivo*, que indica mesquinhez, pequenez ou miséria de fato, e um *subjetivo*, que indica o sentimento e o reconhecimento que se tem da própria pequenez. Este último é o que entendemos por virtude da humildade.

Quando Maria diz no *Magnificat*: "Olhou para a humildade (*tapeinosis*) de sua serva", entende humildade no sentido objetivo, não subjetivo! Por isso, muito apropriadamente, em diversas línguas, como

---

* Meditação realizada na Casa Pontifícia, na presença do papa Francisco, no Advento de 2013, publicada no livro *Innamorato di Cristo. Il segreto di Francesco d'Assisi*, Milano, Âncora, 2015.
[1] *Paraíso*, XI, 111.

o alemão, por exemplo, o termo é traduzido por "pequenez" (*Niedrigkeit*). Aliás, como se pode pensar que Maria exalte sua humildade e atribua a ela a escolha de Deus, sem, com isso mesmo, destruir a humildade de Maria? No entanto, às vezes imprudentemente se escreveu que Maria não se atribui nenhuma outra virtude exceto a da humildade, como se desse modo se fizesse uma grande honra, e não uma grande injustiça, a tal virtude.

A virtude da humildade tem um estatuto todo especial: a tem quem pensa que não a tem, não a tem quem pensa tê-la. Só Jesus pode declarar-se "humilde de coração" e realmente sê-lo; essa é a característica única e irrepetível da humildade do homem-Deus. Quer dizer que Maria não tinha a *virtude* da humildade? Claro que tinha e no mais alto grau, mas só Deus sabia isso, ela não. De fato, é precisamente esse o mérito incomparável da verdadeira humildade: seu perfume é sentido apenas por Deus, não por quem o emana. São Bernardo escreve: "O verdadeiro humilde é quem deseja ser considerado desprezível, e não proclamado humilde"[2]. A humildade de Francisco é precisamente desse tipo. Quando frei Masseo lhe perguntou por que todos o seguiam, ele respondeu: "Porque os olhos santíssimos de Deus não encontraram entre os pecadores nenhum mais vil do que eu"[3].

A humildade como verdade

A humildade de Francisco tem duas fontes de iluminação, uma de natureza teológica, outra de natureza cristológica. Vamos refletir sobre a primeira. Na Bíblia, encontramos atos de humildade que não partem do homem, da consideração da própria miséria ou do próprio pecado, mas têm como única razão Deus e sua santidade. Essa é a exclamação de Isaías: "sou um homem de lábios impuros", diante da imprevista manifestação da glória e da santidade de Deus no templo (Is 6,5s); esse é também o grito de Pedro depois da pesca milagrosa: "Afasta-te de mim, porque eu sou um pecador!" (Lc 5,8).

---

[2] Bernardo de Claraval, *Sermões sobre o Cântico*, XVI, 10 (PL 183, 853).
[3] *Fioretti*, X (FF 1838).

Estamos diante da humildade essencial, a humildade da criatura que toma consciência de si na presença de Deus. Enquanto se comparar consigo mesma, com os outros ou com a sociedade, a pessoa jamais terá a ideia exata do que ela é; carece da medida. "Que acento infinito – escreveu Kierkegaard – recai sobre o eu no momento em que passa a ter Deus como medida!"[4] Francisco teve essa humildade de modo eminente. Costumava repetir com frequência a máxima: "O que um homem é diante de Deus, assim é, e nada mais"[5].

Os *Fioretti* contam que, certa noite, frei Leão quis espiar de longe o que Francisco fazia durante sua oração noturna no bosque de Alverne e de longe o ouvia murmurar algumas palavras por muito tempo. No dia seguinte, o santo o chamou e, depois de tê-lo amavelmente recriminado por ter contrariado sua ordem, revelou-lhe o conteúdo de sua oração:

> Sabes, frei ovelhinha de Jesus Cristo, que, quando eu dizia as palavras que ouviste, duas luzes estavam sendo mostradas a minha alma: uma da notícia e conhecimento de mim mesmo, outra da notícia e conhecimento do Criador. Quando eu dizia: "Quem és tu, ó dulcíssimo Deus meu?", eu estava na luz da contemplação em que via o abismo da infinita bondade, sabedoria e poder de Deus. E quando eu dizia: "Quem sou eu?", eu estava numa luz de contemplação na qual via a lastimável profundeza de minha vileza e miséria[6].

Era o que Santo Agostinho pedia a Deus e que considerava a síntese de toda a sabedoria: "*Noverim me, noverim te* – Que eu conheça a mim e que eu conheça a ti; que eu conheça a mim para me humilhar e que eu conheça a ti para te amar"[7].

O episódio de frei Leão certamente foi embelezado, como geralmente acontece nos *Fioretti*, mas o conteúdo corresponde perfeita-

---

[4] KIERKEGAARD, S., *La malattia mortale*, II, cap. 1, in *Opere*, org. por C. Fabro, Firenze, Sansoni, 1972, 662s.
[5] *Adm.*, XIX (FF 169); cf. também BOAVENTURA, *Leg. maior*, VI, 1 (FF 1103).
[6] *Considerações dos sagrados estigmas*, III (FF 1916).
[7] AGOSTINHO, *Solilóquios*, I, 1, 3; II, 1, 1 (PL 32, 870.885).

mente à ideia que Francisco tinha de si e de Deus. É o que comprova o início do *Cântico das criaturas* com a distância infinita que coloca entre Deus, "altíssimo, onipotente, bom Senhor", a quem são devidos o louvor, a glória, a honra e a bênção, e o mísero mortal, que nem sequer é digno de "mencionar", isto é, de pronunciar, o seu nome:

> Altíssimo, onipotente, bom Senhor,
> teus são o louvor, a glória, a honra e toda a bênção.
> Só a ti, Altíssimo, são devidos;
> e homem algum é digno de te mencionar.*

Sob essa perspectiva, que eu chamei teológica, a humildade nos aparece essencialmente como verdade. É uma luz que não humilha, mas, ao contrário, confere imensa alegria e exalta. De fato, ser humilde não significa estar descontente consigo nem tampouco reconhecer a própria miséria, nem, por alguns aspectos, a própria pequenez. Significa olhar para Deus antes que para si mesmo e avaliar o abismo que separa o finito do infinito. Quanto mais nos damos conta disso, mais nos tornamos humildes. E então começamos até a nos alegrar com nosso próprio nada, porque é graças a ele que podemos oferecer a Deus um rosto cuja pequenez e cuja miséria fascinaram o coração da Santíssima Trindade desde toda a eternidade.

Uma grande discípula do Pobrezinho, que o papa Francisco há pouco tempo proclamou santa, Ângela de Foligno, prestes a morrer, exclamou: "Ó nada desconhecido, ó nada desconhecido! A alma não pode ter melhor visão neste mundo que contemplar o próprio nada e nele habitar como na cela de uma prisão"[8]. Há nesse conselho um segredo, uma verdade, que experimentamos provando. Descobrimos, então, que essa cela realmente existe e que podemos realmente entrar nela sempre que quisermos. Ela consiste no calmo e tranqui-

---

* O texto original é em italiano antigo: "Altissimu, onnipotente, bon Signore,/ tue so' le laude, la gloria e l'honore et onne benedictione./ Ad te solo, Altissimo, se konfane, / et nullo homo ène dignu Te mentovare" (N. da T.).

[8] *Il libro della B. Angela da Foligno*, cit., 737.

lo sentimento de ser um nada diante de Deus, mas um nada amado por ele!

Quando estamos dentro da cela dessa prisão luminosa, já não vemos os defeitos do próximo, os vemos sob outra perspectiva. Compreendemos que, com a graça e o exercício, podemos realizar o que diz o Apóstolo e que à primeira vista parece excessivo, isto é, "considerar todos os outros superiores a si" (cf. Fl 2,3), ou pelo menos entendemos como os santos puderam fazer isso.

Fechar-nos naquela prisão nada tem a ver com fechar-nos em nós mesmos; é, ao contrário, abrir-nos para os outros, para o ser, para a objetividade das coisas. O oposto do que sempre pensaram os inimigos da humildade cristã. É fechar-nos para o egoísmo, não no egoísmo. É a vitória sobre um dos males que também a moderna psicologia julga funesto para a pessoa humana: o narcisismo. Além disso, naquela cela o inimigo não entra. Um dia, Santo Antão teve uma visão; viu, num segundo, todos os infinitos laços do inimigo estendidos ao chão e disse gemendo: "Quem poderá evitar todos esses laços?", e ouviu uma voz lhe responder: "Antão, a humildade!"[9]. "Nada – escreve o autor da *Imitação de Cristo* – conseguirá fazer ensoberbecer aquele que está firmemente fixado em Deus."[10]

A humildade como serviço de amor

Falamos da humildade como verdade da criatura diante de Deus. Paradoxalmente, porém, o que mais impressionava a alma de Francisco não era a grandeza de Deus, mas sua humildade. Nos *Louvores a Deus Altíssimo*, que se conservam escritos com sua caligrafia em Assis, entre as perfeições de Deus – "Tu és Santo. Tu és Forte. Tu és Trino e Uno. Tu és Amor, Caridade. Tu és Sabedoria..." –, a certa altura, Francisco insere uma incomum: "Tu és humildade"! Não é um título inserido ali por engano. Francisco aprendeu uma verdade muito profunda sobre Deus que deveria também nos deixar impressionados.

---

[9] *Apophthegmata Patrum*, Antão 7 (PG 65, 77).
[10] *Imitação de Cristo*, II, cap. 10.

Deus é humildade porque é amor. Diante das criaturas humanas, Deus se encontra desprovido de qualquer capacidade não só coercitiva, mas também defensiva. Se os seres humanos escolhem, como fizeram, recusar o seu amor, ele não pode intervir com autoridade para impor-se. Não pode fazer outra coisa além de respeitar a livre escolha dos homens. É possível rejeitá-lo, excluí-lo: ele não se defenderá, deixará fazer. Ou melhor, a sua maneira de se defender e de defender os homens contra o seu próprio aniquilamento será amar ainda e sempre, eternamente. O amor cria por sua própria natureza dependência, e a dependência suscita a humildade. Assim é também, misteriosamente, em Deus.

O amor fornece, portanto, a chave para entender a humildade de Deus: é preciso pouco poder para se mostrar, é preciso muito mais, porém, para se esconder, para se anular. Deus é esta força ilimitada de escondimento de si e como tal se revela na encarnação. Podemos ver a manifestação visível da humildade de Deus contemplando Cristo que se coloca de joelhos diante dos seus discípulos para lavar os seus pés – e eram, podemos imaginá-lo, pés sujos –, e ainda mais, quando, reduzido à mais radical impotência na cruz, continua a amar, sem nunca condenar.

Francisco apreendeu essa ligação tão estreita entre a humildade de Deus e a encarnação. Eis algumas das suas ardentes palavras:

> Eis que a cada dia ele se humilha, como quando desceu da sede régia para o ventre da Virgem; cada dia ele mesmo vem a nós com aparência humilde; cada dia desce do seio do Pai para o altar nas mãos do sacerdote[11].

> Ó humildade sublime! Ó sublimidade humilde, que o Senhor do universo, Deus e Filho de Deus, assim se humilhe a ponto de se esconder, para nossa salvação, sob a pouca aparência de pão! Olhai, irmãos, a humildade de Deus, e abri os vossos corações diante dele[12].

Descobrimos, assim, a segunda motivação da humildade de Francisco: o exemplo de Cristo. É a mesma motivação que Paulo indicava

---

[11] *Adm.*, I (FF 144).
[12] *Aos frades* (FF 221).

aos Filipenses ao lhes recomendar que tivessem os mesmos sentimentos de Cristo Jesus, que *"humilhou* a si mesmo fazendo-se obediente até a morte" (cf. Fl 2,5.8). Antes de Paulo foi o próprio Jesus em pessoa quem convidou os discípulos a imitar a sua humildade: "aprendei de mim, que sou manso e humilde de coração" (Mt 11,29).

Em que, poderíamos nos perguntar, Jesus nos diz para imitar sua humildade? Em que Jesus foi humilde? Percorrendo os Evangelhos, nunca encontramos a menor admissão de culpa nos lábios de Jesus, nem quando conversa com os homens, nem quando conversa com o Pai. Esta – a propósito – é uma das provas mais escondidas, mas também das mais convincentes, da divindade de Cristo e da absoluta unicidade da sua consciência. Em nenhum santo, em nenhum grande da história e em nenhum fundador de religião, se encontra uma tal consciência de inocência. Todos reconhecem, mais ou menos, ter cometido alguns erros e ter algo para ser perdoados, pelo menos por Deus. Gandhi, por exemplo, tinha uma consciência muito aguda de ter, em certas ocasiões, assumido posições equivocadas; ele também teve seus remorsos. Jesus nunca. Dirigindo-se a seus adversários, ele pode dizer: "Quem de vós pode me acusar de pecado?" (Jo 8,46). Jesus proclama ser "Mestre e Senhor" (cf. Jo 13,13), ser mais do que Abraão, Moisés, Jonas, Salomão. Onde está, então, a humildade de Jesus, para poder dizer: "Aprendei de mim, que sou humilde"?

Aqui descobrimos algo importante. A humildade não consiste principalmente em *ser pequenos*, porque podemos ser pequenos sem ser humildes; não consiste principalmente em *sentir-se pequenos,* porque podemos nos sentir pequenos e de fato sê-lo, e isso seria objetividade, e não humildade; sem contar que sentir-se pequenos e insignificantes pode ser fruto também de um complexo de inferioridade e levar-nos ao fechamento em nós mesmos e ao desespero, ao invés de nos levar à humildade. Portanto, a humildade, por si só, no grau mais perfeito, não consiste em ser pequenos, não está em nos sentirmos pequenos ou em nos proclamarmos pequenos. Consiste em *nos fazermos* pequenos, e não por alguma necessidade ou utilidade pessoal, mas por amor, para "elevar" os outros.

Assim foi a humildade de Jesus; ele se fez tão pequeno a ponto de até "se anular" para nós. A humildade de Jesus é a humildade que desce de Deus e que tem o seu modelo supremo em Deus, não no homem. Na posição em que se encontra, Deus não pode "elevar-se"; nada existe acima dele. Se Deus sai de si mesmo e faz algo fora da Trindade, isso só pode ser um abaixar-se e um fazer-se pequeno; só poderá ser, em outras palavras, humildade, ou, como diziam alguns Padres gregos, *synkatabasis*, ou seja, condescendência.

São Francisco faz da "irmã água" o símbolo da humildade, definindo-a "útil, humilde, preciosa e casta". Não sei se Francisco pensava nisso, mas a água nunca se "exalta", nunca "sobe", mas sempre "desce", até atingir o ponto mais baixo. O vapor sobe e, por esse motivo, é o símbolo tradicional do orgulho e da vaidade; a água desce e, por isso, é o símbolo da humildade.

Agora sabemos o significado da palavra de Jesus: "Aprendei de mim, que sou humilde". É um convite a nos fazermos pequenos por amor, a lavar, como ele, os pés dos irmãos. No entanto, em Jesus também vemos a seriedade dessa escolha. Não se trata, de fato, de descer e fazer-se pequeno de vez em quando, como um rei que, na sua generosidade, eventualmente se digna descer entre o povo e talvez também servi-lo com algo. Jesus se fez "pequeno" como "se fez carne", ou seja, permanentemente, até o fim. Escolheu pertencer à *categoria* dos pequenos e dos humildes.

Esta nova face da humildade resume-se numa palavra: serviço. Um dia – lemos no Evangelho – os discípulos tinham discutido uns com os outros sobre quem era o "maior"; então Jesus, "sentando-se" – como para dar maior solenidade à lição que estava prestes a dar –, chamou os Doze e disse-lhes: "Se alguém quer ser o primeiro, seja o último de todos e o servidor de todos" (Mc 9,35). Quem quer ser o "primeiro" seja o "último", isto é, desça, abaixe-se. Mas depois explica o que entende por último: seja o "servo" de todos. A humildade proclamada por Jesus é, portanto, serviço. No Evangelho de Mateus, essa lição de Jesus é corroborada com um exemplo: "a exemplo do Filho do homem, que não veio para ser servido, mas para servir" (Mt 20,28).

Uma Igreja humilde

Algumas considerações práticas. Não devemos nos iludir pensando que alcançamos a humildade só porque a palavra de Deus nos levou a descobrir o nosso nada e nos mostrou que ele precisa se traduzir em serviço fraterno. Vemos até que ponto realmente chegamos à humildade quando a iniciativa passa de nós para os outros, ou seja, quando não somos mais nós que reconhecemos nossos defeitos e erros, mas são os outros que o fazem; quando não somos apenas capazes de dizer a verdade para nós mesmos, mas também de deixar que os outros a digam, de boa vontade. Antes de se reconhecer como o mais vil dos homens diante de frei Masseo, Francisco aceitou, de bom grado e por muito tempo, ser ridicularizado, permitindo que amigos, familiares e toda a cidade de Assis o considerassem um ingrato, um fanático, alguém que nunca teria feito nada de bom na vida.

Em outras palavras, percebemos em que ponto estamos na luta contra o orgulho pela maneira como reagimos, externa ou internamente, ao ser contrariados, corrigidos, criticados ou relegados a segundo plano. Pretender matar o próprio orgulho batendo nele sozinhos, sem nenhuma intervenção externa, é como usar o próprio braço para punir a si mesmo: realmente nunca se machucará. É como se um médico quisesse tirar, sozinho, um tumor dele mesmo.

Quando tentamos receber glória de um homem por algo que dizemos ou fazemos, é quase certo que os que estão na nossa frente tentam receber glória de nós pela maneira como nos ouvem e nos respondem. E desse modo cada qual busca sua própria glória e ninguém a recebe e, se por acaso a recebe, não passa de "vanglória", ou seja, glória vazia, destinada a desaparecer como fumaça com a morte. Mas o efeito é igualmente terrível; Jesus atribuía à busca da própria glória até mesmo a impossibilidade de crer. Dizia aos fariseus: "Como é possível que creiais, se recebeis glória uns dos outros e não procurais a glória que só vem de Deus?" (Jo 5,44).

Quando estivermos imersos em pensamentos e desejos de glória humana, lancemos na mistura de tais pensamentos, como uma tocha ardente, a palavra que o próprio Jesus usou e que nos deixou: "Eu não procuro minha glória" (Jo 8,50). A luta da humildade dura a vida inteira e se estende a todos os aspectos da existência. O orgulho pode se alimentar tanto do mal quanto do bem; mas, ao contrário do que acontece com todos os outros vícios, o terreno de cultivo preferido desse "vírus" terrível é o bem, e não o mal. O filósofo Pascal escreve sabiamente:

> A vaidade tem raízes tão profundas no coração do homem que um soldado, um servo da milícia, um cozinheiro, um carregador, se gaba e finge ter seus admiradores e os próprios filósofos os querem. E os que escrevem contra a vanglória aspiram à glória de terem escrito bem, e os que os leem, a vanglória de os ter lido; e eu, que escrevo isto, talvez tenha o mesmo desejo; e talvez também os que me leem[13].

Para que o homem "não se ensoberbeça", Deus geralmente o fixa no chão com uma espécie de âncora; coloca do seu lado, como com São Paulo, um "mensageiro de Satanás que o fere", "um espinho na minha carne" (2Cor 12,7). Não sabemos o que era exatamente para o Apóstolo este "espinho na carne", mas sabemos bem o que é para nós! Cada um que queira seguir o Senhor e servir a Igreja o tem. São situações humilhantes que nos lembram constantemente, às vezes de noite e de dia, a dura realidade daquilo que somos. Pode ser um defeito, uma doença, uma fraqueza, uma impotência, que o Senhor nos deixa, apesar de todas as súplicas; uma tentação persistente e humilhante, talvez mesmo uma tentação de soberba; uma pessoa com a qual somos obrigados a conviver e que, apesar da retidão de ambas as partes, tem o poder de extrair a nossa fragilidade, de demolir a nossa presunção.

A humildade não é apenas uma virtude privada. Existe uma humildade que deve brilhar na Igreja como instituição e povo de Deus. Se Deus é humildade, também a Igreja deve ser humildade; se Cristo serviu, também a Igreja deve servir, e servir por amor. Por muito tempo a Igreja, no seu conjunto, tem apresentado ao mundo a *verdade* de Cristo, mas talvez não muito a *humildade* de Cristo. No entanto, é com

---

[13] PASCAL, B., *Pensamentos*, 150 (ed. Brunschvicg).

esta última, melhor do que com qualquer apologética, que se acalmam as hostilidades e os preconceitos contra ela e se abre o caminho para a aceitação do Evangelho.

Há um episódio de *Os noivos*, de Manzoni, que contém uma profunda verdade psicológica e evangélica. Ao final do noviciado, frei Cristóvão decide pedir publicamente perdão aos parentes do homem que, antes de se tornar frade, matou num duelo. A família se enfileira, formando uma espécie de corredor, de modo que o gesto se torne o mais humilhante possível para o frade e dê maior satisfação ao orgulho da família. Mas, ao ver o jovem frade abaixar a testa no chão, ajoelhar-se diante do irmão do morto e pedir perdão, a arrogância desaparece, são eles que se sentem confusos e pedem perdão, até que ao final todos se apertam para lhe beijar a mão e se encomendar às suas orações[14]. São os milagres da humildade.

No profeta Sofonias, Deus diz: "Em teu meio deixarei um povo pobre e humilde, que se abrigará no nome de Javé" (Sf 3,12). Esta palavra ainda é atual e talvez também dela dependerá o sucesso da evangelização na qual a Igreja está comprometida.

---

[14] MANZONI, A., *I Promessi Sposi*, cap. IV.

XIII
O HOMEM E A CRIAÇÃO, NA BÍBLIA E EM FRANCISCO DE ASSIS*

Povoai a terra e submetei-a

"Deus os abençoou dizendo: 'Sede fecundos e multiplicai-vos, enchei a terra e submetei-a; dominai sobre os peixes do mar, as aves do céu e todos os animais que rastejam sobre a terra'" (Gn 1,28). Estas palavras suscitaram uma forte crítica em tempos recentes. Alguém escreveu que elas, ao atribuírem ao homem um domínio indiscriminado sobre o resto da natureza, são a origem da atual crise ecológica. Inverte-se a relação do mundo antigo, sobretudo dos gregos, que via o homem em função do cosmos, e não o cosmos em função do homem[1].

Creio que essa crítica, assim como tantas análogas feitas ao texto bíblico, parte do fato de que se interpretam as palavras da Bíblia à luz de categorias seculares estranhas a ela. "Dominai" não tem aqui o significado que tem fora da Bíblia. Para a Bíblia, o modelo último do *dominus*, do senhor, não é o soberano político que explora seus súditos, mas é o próprio Deus, Senhor e Pai.

O domínio de Deus sobre as criaturas certamente não se destina ao próprio interesse, mas ao das criaturas que ele cria e protege. Há um paralelismo evidente: como Deus é o *dominus* do homem, assim o homem deve ser o *dominus* do restante da criação, ou seja, responsável por ela e seu protetor. O homem é criado para ser "à imagem e

---

* Homilia proferida na Basílica de São Pedro, durante as Vésperas solenes presididas pelo papa Francisco, por ocasião do Dia Mundial de Oração pelo Cuidado da Criação, em 1º de setembro de 2015.
[1] Cf. WHITE, L., The Historical Roots of our Ecologic Crisis, in SPRING, D. & E. (orgs.), *Ecology and Religion in History*, New York, Harper & Row, 1974.

semelhança de Deus", não à imagem e semelhança dos senhores humanos! O sentido do domínio do homem é explicitado pelo que vem logo depois no texto: "O Senhor Deus tomou o homem e colocou-o no jardim paradisíaco do Éden de delícias para o cultivar e o *guardar*" (Gn 2,15). Expressa-o muito bem a Oração Eucarística IV, em que se diz, dirigindo-se a Deus:

> Criastes o homem e a mulher à vossa imagem
> e lhes confiastes todo o universo,
> para que, servindo a vós, seu criador,
> dominassem toda criatura.

A fé num Deus criador e no homem feito à imagem de Deus não é, portanto, uma ameaça, e sim uma garantia para a criação, e a mais forte de todas. Diz que o homem não é senhor absoluto das outras criaturas; deve prestar contas do que recebeu. A parábola dos talentos tem aqui sua aplicação primordial: a terra é o talento que todos juntos recebemos e da qual temos de prestar contas.

Acima de tudo, a ideia de uma relação idílica entre o homem e o cosmos, fora da Bíblia, é uma invenção literária. A opinião dominante entre os pagãos da época tendia a fazer do mundo material, na linha de Platão, o produto de um deus de segunda categoria (o *Deuteros theos*, o Demiurgo), ou até, como dirá Marcião, obra de um deus mau, diferente do Deus revelado por Jesus Cristo. O desejo era libertar-se da matéria, não libertar a matéria. Essa era a visão que, na época de Francisco de Assis, renascia na heresia dos cátaros.

Podemos comprovar que não é a visão bíblica que favorece a prevaricação do homem sobre a criação observando o mapa da poluição. Ele não coincide de modo algum com o mapa da difusão da religião bíblica ou de outras religiões, mas coincide com o de uma industrialização selvagem, voltada apenas para o lucro, e com o da corrupção, que cala todos os protestos e resiste a todos os poderes.

Ao lado da grande afirmação de que homens e coisas provêm de um único princípio, o relato bíblico inegavelmente revela uma hierarquia de importância que é a própria hierarquia da vida e que vemos inscrita em toda a natureza. O mineral serve ao vegetal que dele se nutre, o vegetal serve ao animal (é o boi quem come o capim e não o contrário!), e todos os três servem à criatura racional que é o homem. São Paulo sintetiza e completa essa hierarquia dizendo: "Tudo é vosso! E vós sois de Cristo e Cristo é de Deus!" (1Cor 3,22-23).

Essa hierarquia está a favor da vida, e não contra ela. Ela é violada, por exemplo, quando se gasta um absurdo pelos animais (certamente não pelos que estão em perigo de extinção!), enquanto se deixam milhões de crianças morrer de fome e de doenças, sob os próprios olhos. Alguns gostariam de abolir totalmente a hierarquia entre os seres, proposta na Bíblia e inerente à natureza. Somos impelidos a imaginar e até a desejar um universo futuro sem a presença nele da espécie humana, considerada danosa para o resto da criação. É a chamada "ecologia profunda"[2]. Mas isso é claramente um contrassenso. Seria como se uma imensa orquestra fosse reduzida a tocar uma esplêndida sinfonia, mas no vazio total, sem que houvesse ninguém para escutar e os próprios músicos fossem surdos.

Como é tranquilizador, neste sentido, ouvir as palavras do Salmo 8, que queremos fazer nossas nesta vigília de oração:

Ao ver o céu, que é obra dos teus dedos,
e a lua e as estrelas que plasmaste,
que somos nós? E do homem tu te lembras
e com o filho do homem te preocupas...
Pouco menor que os anjos o fizeste,
de glória e de esplendor o coroaste,
das tuas obras deste-lhe o governo.
Tu puseste a seus pés todas as coisas:
as ovelhas, os bois, todo animal,
e pássaros do céu, peixes do mar,

---

[2] É o caso do *site* VHEMT (Voluntary Human Extinction Movement): Movimento pela Extinção Humana Voluntária.

os que fazem das águas seu caminho.
Grande por toda a terra é o teu nome,
ó senhor, nosso Deus!

Preocupar-se ou não com o amanhã?

Passemos agora ao trecho do Evangelho que ouvimos:

> Por isso vos digo: não estejais preocupados, em relação à vossa vida, com o que haveis de comer [e beber], nem em relação ao vosso corpo, com o que haveis de vestir. Porventura não vale a vida mais que o alimento, e o corpo mais que a roupa? Olhai as aves que voam no céu [...]. Observai como crescem as flores dos campos. [...] Portanto, não vos preocupeis, dizendo: Que havemos de comer? Que havemos de beber? Com que havemos de nos vestir? [...] Não vos preocupeis, então, com o dia de amanhã, porque o dia de amanhã trará consigo suas próprias preocupações. A cada dia bastam as suas penas (Mt 6,25-34).

Aqui as objeções humanas se tornam um coro de protestos. Não se preocupar com o amanhã? Mas não é precisamente o que se propõe o ecologismo e o que o papa Francisco faz em toda a sua encíclica *Laudato si*? É saudável que eventualmente tenhamos essa reação diante da palavra de Jesus; é sempre uma oportunidade para descobrir algo novo em suas palavras.

Antes de tudo, um esclarecimento necessário. Jesus não dirige aquelas palavras a todos indistintamente, mas aos que chama para um seguimento radical, a serem seus colaboradores na pregação do Reino, a serem como ele, que não tinha onde repousar a cabeça. Aos que confiam na providência do Pai celeste a ponto de não se preocuparem com o amanhã ele garante (e em vinte séculos a história jamais o desmentiu) todo o necessário, talvez no último momento.

Mas aquelas palavras de Jesus hoje falam também a todos nós. Dizem: não se preocupem com seu amanhã, mas preocupem-se com o amanhã dos que vierem depois de vocês! Não se perguntem: "O que vamos comer? O que vamos beber? O que vamos vestir?". Mas perguntem-se: "O que comerão? O que beberão? O que vestirão os nossos filhos, os futuros habitantes deste planeta?".

Um grande estudioso da antiguidade cristã, Adolph von Harnack, escreveu que, quando se trata de nós mesmos, o Evangelho nos quer desapegados dos bens da terra, mas quando se trata do próximo não quer nem mesmo ouvir falar de indiferença e de pensar só no presente. "A máxima falaciosa do 'livre jogo de forças', do 'viver e deixar viver' – seria melhor dizer: viver e deixar morrer –, está em aberta oposição com o Evangelho."[3] Infelizmente essa máxima de "viver e deixar morrer" é a que ninguém pronuncia, mas que muitos realmente praticam. Em várias ocasiões, o próprio Jesus se preocupa em alimentar as pessoas, multiplicando o pão e os peixes, e no final diz para recolher as sobras "para que nada se perca" (Jo 6,12). Uma palavra que deveria ser adotada como lema contra o desperdício, sobretudo no âmbito alimentar.

Na realidade, a passagem evangélica põe o machado na raiz – o mesmo machado na mesma raiz em que o coloca o papa Francisco em sua encíclica. E o faz quando diz no início da passagem: "Não podeis servir a Deus e à riqueza". Ninguém pode servir seriamente à causa da preservação da criação se não tem a coragem de apontar o dedo contra a acumulação de riquezas exageradas nas mãos de poucos e contra o dinheiro, que é a medida de tal riqueza.

Que fique claro: Jesus jamais condenou a riqueza por si mesma. Permitiu que Zaqueu ficasse com a metade de seus bens, que deviam ser abundantes; entre seus amigos estava José de Arimateia, definido como "homem rico" (Mt 27,57). O que Jesus condena é "a riqueza injusta" (Lc 16,9), a riqueza acumulada à custa do próximo, fruto de corrupção e especulação, a riqueza surda às necessidades do pobre: a riqueza, por exemplo, do rico epulão da parábola, que hoje, aliás, já não se aplica a um indivíduo, mas a um hemisfério inteiro.

---

[3] VON HARNACK, A., *Il cristianesimo e la società*, Mendrisio, 1911, 12ss; ID., *Das Wesen des Christentum*, Leipzig, 1900 (trad. it.: *L'essenza del cristianesimo*, Brescia, Queriniana, 1980).

Eis o que nos ensina Francisco de Assis

Agora podemos dedicar um pouco de atenção também a Francisco de Assis e ao seu *Cântico das criaturas,* que o papa Francisco, com feliz intuição, escolheu como pano de fundo espiritual para sua encíclica. O que podemos aprender com ele, nós, homens de hoje?

Francisco é a prova viva da contribuição que a fé em Deus pode dar ao esforço comum pela preservação da criação. Seu amor pelas criaturas é uma consequência direta de sua fé na paternidade de Deus. Ainda não tem os motivos práticos que temos hoje para nos preocupar com o futuro do planeta: poluição atmosférica, escassez de água potável... Seu ecologismo está isento dos objetivos utilitaristas, embora legítimos, que temos hoje. As palavras de Jesus: "um só é vosso Pai, o que está nos céus; sois todos irmãos" (cf. Mt 23,8-9), lhe bastam. Tais palavras não são para ele um princípio abstrato; é o horizonte constante em que ele vive e pensa. Apoiado nessa certeza, ele quis colocar o mundo inteiro "em estado de fraternidade e em estado de louvor".

As fontes franciscanas nos narram os sentimentos que impeliram Francisco a escrever seu *Cântico*:

> "Quero, para louvor de Deus e minha consolação e para edificação do próximo, compor um novo *Louvor ao Senhor* por suas criaturas. Todos os dias nos servimos das criaturas e sem elas não podemos viver, e nelas o gênero humano ofende muito o Criador. E todos os dias nos mostramos ingratos por tão grande graça, porque não louvamos como devemos o nosso Criador e doador de todos os bens". E, sentando-se, começou a meditar e depois disse: "*Altíssimo, onipotente, bom Senhor...*"[4].

As palavras do Santo que considera bom o sol, bom o irmão fogo, luminosas e boas as estrelas, são o eco daquele "E Deus viu que tudo era bom" do relato da criação (cf. Gn 1,31).

O pecado primordial contra a criação, que precede todos os outros, é não ouvir a sua voz, condená-la irremediavelmente, diria São Paulo,

---

[4] *Leg. per.*, 43 (FF 1592).

à vaidade, à insignificância (cf. Rm 8,18s). O mesmo Apóstolo fala de um pecado fundamental que denomina "impiedade", ou "sufocar a verdade". Diz que esse é o pecado de quem, "mesmo conhecendo Deus, não lhe rende glória e não lhe dá graças", como convém a Deus. Este não é, portanto, apenas o pecado dos ateus, que negam a existência de Deus; é também o pecado daqueles fiéis de cujo coração jamais partiu um entusiástico "Glória a Deus nas alturas", nem um comovido "Obrigado, Senhor". A Igreja coloca as palavras em nossos lábios quando, no Glória da missa, nos faz dizer: "Nós te louvamos, te bendizemos, te adoramos, te glorificamos, te damos graças por tua imensa glória".

"Os céus e a terra" – diz com frequência a Escritura – "estão repletos de sua glória." Estão, por assim dizer, grávidos dela. Mas eles não podem, sozinhos, "dar à luz". Assim como a mulher grávida, eles também precisam das mãos habilidosas de uma parteira para dar à luz aquilo de que estão "grávidos". E cabe a nós ser estas "parteiras" da glória de Deus. Quanto o universo teve de esperar, que longo caminho teve de tomar, para chegar a este ponto! Bilhões de anos, durante os quais a matéria, através da sua opacidade, caminhava com dificuldade para a luz da consciência, como a seiva que do subsolo sai em direção à copa da árvore para se expandir em flor e fruto. Essa consciência foi finalmente alcançada, quando surgiu no universo "o fenômeno humano". Mas, agora que o universo atingiu a sua meta, exige que o homem cumpra o seu dever, que assuma, por assim dizer, a direção do coro e entoe para todos o "Glória a Deus no alto dos céus!".

Francisco nos indica o caminho para uma mudança radical em nossa relação com a criação: ele consiste em substituir a posse pela contemplação. Ele descobriu uma maneira diferente de aproveitar as coisas, que é contemplá-las, em vez de possuí-las. Pode usufruir de todas as coisas, porque renunciou a ser dono de alguma delas. As fontes franciscanas nos descrevem a situação de Francisco quando compõe o seu *Cântico das criaturas*:

> Não tendo condições de suportar a luz natural durante o dia, nem a claridade do fogo durante a noite, ficava sempre no escuro em casa e na

cela. Além disso, sofria dia e noite dores tão atrozes nos olhos, que quase não podia descansar e dormir, e isso aumentava e piorava estas e outras enfermidades[5].

Francisco canta a beleza das criaturas quando já não tem condições de ver nenhuma delas e até a luz do sol ou do fogo lhe provoca dores atrozes! A posse exclui, a contemplação inclui; a posse divide, a contemplação multiplica. Uma só pessoa pode ter um lago, um parque, e assim todas as outras ficam excluídas deles; milhares podem contemplar o mesmo lago ou parque, e todos desfrutam deles sem subtraí-los de ninguém. Trata-se de uma posse mais verdadeira e profunda, uma posse interna, não externa, com a alma, não apenas com o corpo. Quantos latifundiários alguma vez pararam para admirar uma flor de seus campos ou para acariciar uma espiga de seu trigo? A contemplação permite possuir as coisas sem se apoderar delas.

O exemplo de Francisco de Assis demonstra que a atitude religiosa e doxológica diante da criação não é isenta de consequências práticas e concretas; não é algo suspenso no ar. Impele também a gestos concretos. Eis como o primeiro biógrafo do Santo relata alguns desses gestos concretos do Pobrezinho:

> Abraça todos os seres criados com um amor e uma devoção jamais vistos [...]. Quando os frades cortam a lenha, proíbe que cortem a árvore toda, para que ela possa ter novos brotos. E ordena que o hortelão deixe incultos o terreno em torno da horta, para que, a seu tempo, o verde das ervas e o esplendor das flores cantem como é bom o Pai de toda a criação. Deseja também que na horta se reserve um canteiro para as ervas aromáticas e que produzem flores, para que evoquem a quem as observa a recordação da suavidade eterna. Até recolhe pelo caminho os pequenos vermes, para que não sejam pisados, e quer que se ofereçam mel e bom vinho às abelhas, para não morrerem de fome no rigor do inverno[6].

---

[5] *Leg. per.*, 1614 (FF 1591).
[6] Tomás de Celano, *Vida segunda*, CXXIV, 165 (FF 750).

Algumas de suas recomendações parecem ter sido escritas hoje, sob a pressão dos ambientalistas. Certo dia ele disse: "Eu não quero ser ladrão de esmolas"[7]. Queria dizer: não quero receber mais do que preciso, subtraindo-o, assim, de quem tem necessidade dele mais que eu. Hoje esta regra poderia ter uma aplicação no mínimo útil para o futuro da terra. Nós também deveríamos nos propor: não quero ser ladrão de recursos, usando-os mais do que o devido e subtraindo-os, assim, de quem virá depois de mim.

Sem dúvida, Francisco não tinha a visão global e planetária do problema ecológico, mas uma visão local, imediata. Pensava no que ele e eventualmente seus frades podiam fazer. No entanto, também nisso ele nos ensina algo. Um *slogan* muito em voga atualmente diz: "Think globally, act locally", pense globalmente, mas atue localmente. Que sentido há, por exemplo, em reclamar de quem polui a atmosfera, os oceanos e as florestas, se não hesito em lançar na beira de um rio ou do mar um saquinho de plástico que ficará ali por séculos, se alguém não o retirar, se jogo em qualquer lugar, nas estradas ou na mata, o lixo que me incomoda, ou se sujo os muros de minha cidade?

A preservação da criação, assim como a paz, se faz, diria o papa Francisco, "artesanalmente", começando por nós mesmos. A paz começa por você, repete-se com frequência nas mensagens para o Dia da Paz; a proteção da criação também começa por você. Era o que um representante ortodoxo afirmava já na Assembleia Ecumênica de Basileia em 1989 sobre "Justiça, paz e preservação da criação": "Sem uma mudança do coração do homem, a ecologia não tem esperanças de sucesso".

Concluo minha reflexão. Poucas semanas antes de sua morte, São Francisco acrescentou uma estrofe ao seu *Cântico*, a que começa com as palavras: "Louvado sejas, meu Senhor, por aqueles que perdoam por teu amor"[8]. Penso que, se vivesse hoje, acrescentaria mais uma estrofe

---

[7] Tomás de Celano, *Vida segunda*, XXIV, 54 (FF 640).
[8] *Leg. per.*, 44 (FF 1593).

a seu *Cântico*: "Louvado sejas, meu Senhor, por todos aqueles que trabalham para proteger nossa irmã, mãe Terra: cientistas, políticos, líderes de todas as religiões e homens de boa vontade. Louvado sejas, meu Senhor, por aquele que, juntamente com meu nome, assumiu também a minha mensagem e a está levando hoje a todo o mundo!".

XIV
FRANCISCO, ROSTO DA MISERICÓRDIA DE CRISTO*

Duas circunstâncias conferem um significado especial à festa do Perdão de Assis deste ano de 2016: o fato de que se comemora o VIII centenário da concessão da indulgência da Porciúncula e o fato de que ele acontece no ano jubilar da misericórdia. Um jubileu no jubileu!

Creio que todos os que participam deste tríduo de preparação para o Perdão de Assis estão interessados menos em conhecer a história da indulgência e mais em fazer uma experiência de perdão e de renovação espiritual e em voltar para casa reconciliados com Deus e com o próximo. Aliás, o importante para nós não é tanto a história. Quem define e garante a indulgência e o perdão dos pecados não é São Francisco, mas a Igreja, e a Igreja não apenas aceitou o Perdão de Assis, mas o assumiu e o regulamentou ao longo dos séculos, adaptando-o em cada caso à própria prática canônica e à própria compreensão da ideia de indulgência.

A visita do papa Francisco nesta circunstância é a mais solene confirmação dessa aceitação e dessa ratificação por parte da Igreja. Sua visita faz do Perdão de Assis um momento importante no âmbito das celebrações do ano da misericórdia. O que eu gostaria de fazer é precisamente responder a essa intenção do papa. Em sua carta de convocação do Jubileu, o papa Francisco nos apresenta Cristo como "o rosto da misericórdia do Pai"; eu tentarei mostrar como Francisco, por sua vez, é o rosto da misericórdia de Cristo. Partiremos de uma página do

---

* Discurso proferido na Basílica de Santa Maria dos Anjos em Assis em 29 de julho de 2016, por ocasião do Tríduo em preparação para o Perdão de Assis.

Evangelho, precisamente o episódio da conversão de Zaqueu, para ver o que ela nos diz hoje, também graças à interpretação do Seráfico Pai São Francisco.

Jesus e Zaqueu

O episódio é composto de duas cenas: uma se desenvolve fora, a outra dentro de casa; uma, no meio da multidão; a outra, apenas entre Jesus e Zaqueu.

Jesus chegou a Jericó. Não é a primeira vez que vai para lá e desta vez, ao se aproximar, também curou um cego (cf. Lc 18,35ss). Isso explica por que tanta gente está à espera dele. Zaqueu, "chefe dos publicanos e rico", para vê-lo melhor, sobe numa árvore, ao longo do caminho percorrido pela multidão. (Ainda hoje na entrada de Jericó exibem um velho sicômoro que seria o de Zaqueu!) Jericó era famosa por alguns produtos, sobretudo perfumes, muito valorizados na época. Sendo chefe dos agentes alfandegários, pode-se imaginar de onde provinha a riqueza de Zaqueu...

Zaqueu ouvira falar de Jesus como um profeta diferente dos escribas e dos doutores da lei, por isso queria vê-lo. Certamente há nele algo mais que mera curiosidade; um interesse real, embora ainda não seja o caso de pensar num desejo de conversão. Mas Zaqueu tem estatura pequena, não consegue ver nada, e por isso sobe numa árvore. Ouçamos a sequência da história:

> Quando chegou àquele lugar, Jesus olhou para cima e lhe disse: "Zaqueu, desce depressa, porque hoje devo ficar na tua casa". Ele desceu depressa e o recebeu com alegria. Vendo isto, todos murmuravam: "Foi hospedar-se na casa de um pecador!".

Diz: "Zaqueu, desce *depressa*, porque hoje devo ficar na tua casa". É como se dissesse a Zaqueu e a nós que hoje ouvimos sua palavra: "Não quero ser para você apenas um objeto de curiosidade, alguém para conhecer de longe, para manter à distância. Quero entrar em sua vida! Quero ter um encontro pessoal com você. Está disposto a me receber?".

Ao entrar na casa de alguém considerado pecador público, Jesus se comprometia perigosamente, corria o risco de ele mesmo se tornar impuro. Sabemos da resistência de Pedro em entrar na casa do centurião Cornélio para não se contaminar (At 10). Por isso é natural que o fato seja motivo de escândalo. Vai à casa de um pecador sem estabelecer nenhuma condição preliminar para esse pecador. Os conterrâneos desprezavam Zaqueu, por estar comprometido com o dinheiro e com o poder e talvez também por sua pequena estatura; para eles, Zaqueu não passa de "um pecador". Jesus, ao contrário, vai para a casa dele; deixa a multidão de admiradores que o recebeu em Jericó e vai apenas à casa de Zaqueu. Faz como o bom pastor que deixa as noventa e nove ovelhas, para ir à procura da centésima que se perdera. Para ele, Zaqueu é antes de tudo "um filho de Abraão". Entremos agora na casa com Jesus e Zaqueu e ouçamos o restante da história:

> Mas Zaqueu, de pé diante do Senhor, lhe disse: "Senhor, dou a metade dos meus bens aos pobres. E, se extorqui alguma coisa de alguém, vou lhe restituir quatro vezes o seu preço". Jesus então disse: "Hoje entrou a salvação nesta casa, porque este também é filho de Abraão. Porque o Filho do Homem veio procurar e salvar o que estava perdido".

Nós esperaríamos que antes de lhe anunciar o perdão exigisse dele as cinco condições que em geral se pedem para obter a remissão dos pecados: exame de consciência, arrependimento, firme propósito de não mais pecar, acusação dos pecados e penitência. Mas não há nada disso! Nenhuma recriminação. Não lhe pede para se purificar, para "acertar as contas" com a Lei; não lhe pede que abandone sua profissão infame, nem que restitua e faça penitência.

No entanto, Zaqueu pôde ler no olhar de Jesus o mesmo amor que em outra ocasião dirigiu ao jovem rico (Mt 10,21). E esse olhar o comoveu. E isso é mais que suficiente para dar a Zaqueu uma alegria extraordinária. Ele recebe essa presença que lhe dedica esse amor tão grande sem condições; deixa-se levar por esse amor. E é precisamente graças a esse amor que ele se sente reviver, se sente novamente um ser humano.

Não sente mais sobre si a camada de desprezo que o acompanhava sempre, mesmo quando tratava com seus próprios colegas e subalternos.

Zaqueu compreendeu imediatamente: se queria que esse amor fosse vivo e vivificante para ele, tinha de deixar que ele inundasse toda a sua vida, devia permitir que influenciasse todas as suas relações com os outros seres humanos. E então, espontaneamente, sem que Jesus lhe pedisse nada, Zaqueu anuncia que dará metade de seus bens aos pobres e restituirá quatro vezes a mais dos impostos que cobrara além do devido.

Jesus jamais inicia um encontro com um pecador ou uma pecadora jogando-lhe no rosto o seu pecado ou recriminando-os. Jamais. Seria afastá-lo ainda mais de Deus e talvez para sempre. Ele acolhe o pecador, faz com que se sinta amado por Deus, precioso para ele como um filho, e isso realizará o milagre do coração de pedra que amolece.

Não ao pecado, sim ao pecador

O episódio de Zaqueu é instrutivo e comovente, mas não deve ser tomado isoladamente, desvinculado do restante do Evangelho. Se o fizéssemos, ficaríamos com um inquietante problema sem solução. E então o Evangelho não tem nada a dizer contra o fenômeno generalizado da corrupção, a não ser prometer o perdão aos que se arrependem como Zaqueu? A resposta para essa pergunta está no próprio Evangelho.

Na mesma medida em que Jesus é misericordioso com o pecador, é igualmente severo contra o pecado. Perdoa e salva a vida da adúltera, mas condena sem meios-termos o adultério (cf. Lc 16,18), até o adultério do coração (cf. Mt 5,28); leva a salvação a Zaqueu, um corrupto cobrador de impostos, mas pronuncia palavras de fogo contra o acúmulo de dinheiro, o luxo desenfreado do rico epulão que ignora o pobre Lázaro à sua porta. Recordemos algumas de suas palavras mais contundentes: "ai de vós, que sois ricos, porque já tendes o vosso consolo" (Lc 6,24). "É mais fácil um camelo passar pelo buraco de uma agulha do que um rico entrar no Reino de Deus" (Lc 18,25). "Ninguém pode servir a dois patrões [...]. Não podeis servir a Deus e ao dinheiro" (Mt 6,24). Jesus não condena em bloco os ricos e a riqueza em si, mas apenas "quem ajunta riqueza para si, em vez de se enriquecer diante de Deus" (Lc 12,21), ou seja, os que enriquecem explorando o próximo ou a sociedade. Condena o que ele mesmo define "a riqueza desonesta" (Lc 16,9).

Alguém poderia perguntar o que justifica esta nítida distinção entre o pecado e o pecador; por que Deus é tão misericordioso com o pecador e tão severo diante do pecado. A razão é simples: o pecador vem dele, é sua criatura; nenhum pecado poderá retirar sua dignidade fundamental de ser imagem de Deus e objeto do amor do criador; o pecado é uma "superestrutura", algo acrescentado, fruto do mau uso da sua liberdade por parte do homem instigado por Satanás. É o mesmo motivo pelo qual, fazendo-se homem, o Filho de Deus "se faz em tudo semelhante a nós, exceto no pecado" (cf. Hb 4,15). Deus combate o mal e o pecado, não para defender a si mesmo (quem poderia fazer-lhe algum mal?), mas para defender a sua criatura. O pecado faz mal a quem o comete.

A misericórdia de Francisco

Vejamos agora como a atitude de Jesus se reflete na vida e na obra de Francisco de Assis. Antes de tudo, sua misericórdia com os pecadores. Ele fazia esta recomendação a um superior de sua ordem:

> Que não haja nenhum frade no mundo que tenha pecado tanto quanto é possível pecar que, depois que tiver visto teus olhos, nunca se retire sem teu perdão, se o pedir. E, se não pedir perdão, que tu lhe perguntes se quer ser perdoado. E, se depois pecasse mil vezes diante de teus olhos, ama-o mais do que a mim, para isto: para que o atraias ao Senhor; e que sempre tenhas misericórdia de tais irmãos[1].

É muito exigente consigo mesmo e com seus irmãos no que diz respeito à pobreza, mas não julga e não condena os ricos. Na *Regra*,

---

[1] *Carta a um ministro* (FF 235).

ele ordena a seus frades que "não desprezem nem julguem os homens que virem vestidos com roupas finas e coloridas, usando comidas e bebidas finas, mas antes julgue e despreze cada um a si mesmo"[2].

Os *Fioretti* de São Francisco não são relatos históricos, se entendemos história no sentido moderno; mas o são, ao contrário, se por história não entendemos o exato desenrolar histórico externo dos fatos, mas o núcleo de verdade neles contido. Há um *fioretto* que, mais que qualquer descrição rigorosa, nos transmite o verdadeiro espírito de Francisco em relação a esse ponto. É o dos ladrões na ermida de Monte Casale[3].

O *fioretto* conta que naquela época havia na região de Monte Casale três famigerados ladrões. Um dia eles se apresentaram no convento pedindo que lhes dessem de comer. O Guardião, irmão Ângelo, os expulsou com palavras duras:

> Vós, ladrões, cruéis e homicidas, não vos envergonhais de roubar as fadigas dos outros, mas até, presunçosos e descarados, quereis devorar as esmolas que são mandadas para os servos de Deus, que não sois dignos nem que a terra vos sustenha, pois não tendes nenhuma reverência nem aos homens nem a Deus, que vos criou. Por isso, ide cuidar de vossa vida, e não me apareçais mais aqui.

Os três foram embora com muita raiva. Pouco depois chega Francisco com um pouco de pão e um copinho de vinho que recebera de esmola. Ouvindo o que tinha acontecido, repreendeu severamente o Guardião, dizendo que os pecadores

> são mais bem reconduzidos a Deus com doçura do que com cruéis repreensões. Por isso, nosso mestre, Jesus Cristo, cujo Evangelho prometemos observar, diz que não são os sadios que necessitam de médico, mas os doentes, e que não tinha vindo para chamar os justos, e sim os pecadores para fazer penitência. E por isso muitas vezes comia com eles.

---

[2] *Regra bulada*, II.
[3] *Fioretti*, XXVI (FF 1858).

Em seguida ordena ao padre Guardião que vá em busca dos três ladrões; que se ajoelhe diante deles, peça perdão pelas palavras rudes e lhes ofereça o pouco pão e o vinho que ele próprio tinha recolhido. Que lhes pedisse que deixassem de fazer o mal ao próximo e temessem a Deus, prometendo que, se o fizessem, ele, Francisco, em seguida proveria às necessidades deles.

Assim que o Guardião partiu, o Santo se pôs em oração, pedindo a Deus que amolecesse o coração dos três ladrões e os levasse à conversão. Enquanto isso, o Guardião, depois de muito procurar pela selva, encontrou os três e fez como Francisco ordenara:

> E, como agradou a Deus, quando aqueles ladrões comeram a esmola de São Francisco, começaram a dizer ao mesmo tempo: "Ai de nós, míseros desventurados! E como merecemos as duras penas do inferno, nós que estamos não só roubando o próximo, mas também batendo e ferindo, e até matando. E, apesar de tantos males e de coisas tão celeradas, como fazemos, não temos nenhum remorso de consciência nem temor de Deus. E eis que este frade santo vem a nós, por causa de umas poucas palavras que nos disse justamente por nossa maldade, disse-nos humildemente a sua culpa e além disso nos trouxe o pão, o vinho e uma promessa tão liberal do santo pai. Na verdade, estes são os frades santos de Deus, que merecem de Deus o paraíso, e nós somos filhos da perdição eterna, que merecemos as penas do inferno, e crescemos todos os dias na nossa perdição, e não sabemos se, dos pecados que fizemos até aqui, vamos poder voltar para a misericórdia de Deus".

Então decidiram ir até Francisco para perguntar se poderia haver misericórdia para eles por parte de Deus e determinados a fazer o que ele lhes ordenasse. A resposta de Francisco é o que mais nos interessa nesse *fioretto*:

> Então São Francisco, recebendo-os com bondade, confortou-os com muitos exemplos e, tornando-os certos da misericórdia de Deus, lhes prometeu que certamente iam alcançá-la de Deus e mostrando-lhes que a misericórdia de Deus era infinita: "mesmo que nós tivéssemos pecados infinitos, a misericórdia de Deus ainda é maior que os nossos pecados,

segundo o Evangelho. E o apóstolo São Paulo disse: 'Cristo bendito veio a este mundo para resgatar os pecadores' (1Tm 1,15)". Por essas palavras e semelhantes ensinamentos, os ditos três ladrões renunciaram ao demônio e às suas obras, e São Francisco recebeu-os na Ordem, e começaram a fazer grande penitência. Dois deles viveram pouco depois da sua conversão e foram para o Paraíso.

Assim como para Jesus, também para Francisco o que realiza o milagre da conversão não é a repreensão, mas o amor.

Francisco e a riqueza desonesta

Mas também para Francisco cabe a pergunta que nos fizemos em relação a Jesus. Será que a misericórdia para com os "ladrões", o seu não querer julgar os ricos "vestidos com finas roupas", não o faz esquecer o perigo da riqueza e se calar diante da exploração dos pobres?

Em sua *Carta a todos os fiéis*, considerada a fonte da Ordem Franciscana Secular, São Francisco pronuncia palavras insolitamente severas que parecem supor o caso contrário ao de Zaqueu, o do explorador impenitente:

> Aproxima-se a morte – escreve. – Mandam então vir o sacerdote e este pergunta ao moribundo:
> – Queres o perdão de todos os teus pecados?
> E ele responde que sim. E o sacerdote:
> – Estás disposto a reparar as faltas cometidas, restituindo as coisas que fraudaste aos outros?
> E ele:
> – Não posso.
> – Por que não podes? – pergunta o sacerdote.
> – Porque deixei tudo nas mãos de meus parentes e amigos.
> E assim ele morre impenitente e mal acaba de morrer os parentes e amigos dizem entre si:
> – Maldita seja sua alma! Podia ganhar mais e deixar para nós, e não o fez[4].

---

[4] Cf. *Aos fiéis*, 12 (FF 205).

Nestes tempos, quantas vezes tivemos de repensar na Itália no grito dirigido por Jesus ao rico da parábola que tinha acumulado uma infinidade de bens e se sentia protegido por toda a vida: "Louco, nesta mesma noite ela te será tomada! E para quem ficará o que ajuntaste?" (Lc 12,20)! Homens colocados em postos de responsabilidade que já não sabiam em qual banco ou paraíso fiscal acumular os proventos de sua corrupção viram-se no banco dos réus, ou na cela de uma prisão, precisamente quanto estavam prestes a dizer a si mesmos: "Agora aproveite a vida, minha alma". Para quem o fizeram? Valia a pena? Fizeram realmente o bem para os filhos e para a família, ou para o partido, se é isso que buscavam? Ou será que não arruinaram a si mesmos e aos outros? O deus dinheiro é um Deus cruel: ele mesmo se encarrega de punir os seus adoradores.

Devemos dizer que Jesus e seu discípulo Francisco têm hoje um imitador digno deles no papa Francisco. Ele não se cansa de falar de misericórdia para com todos os pecadores que se arrependem, incluindo os mafiosos e corruptos, mas em cada um de seus escritos e gestos denuncia a chaga da corrupção e da exploração, que é uma das causas, se não a principal, da miséria de imensas massas humanas. "Pecadores sim, corruptos jamais!", é uma de suas exclamações bem conhecidas.

Se posso me basear em minha experiência de confessor, embora limitada, devo dizer que ter roubado e fraudado o próximo ou a sociedade é um dos pecados que menos se ouvem na confissão. Infelizmente, a esse respeito se verifica um estranho fenômeno. Todos elevamos a voz e apontamos o dedo quando ficamos sabendo de grandes roubos e evasões fiscais enormes. Mas poucos se perguntam: por acaso, no meu pequeno mundo, eu também não faço algo do tipo? Querer ser espertos em prejuízo do próximo ou do Estado, temos de reconhecer, é um defeito disseminado; existe em todos os níveis, mas nem por isso deixa de ser um pecado em relação ao próximo. Não acredito que se possa realmente passar pela porta santa, fazer o Jubileu e começar uma nova vida como pessoas reconciliadas com Deus e com o próximo sem reconhecer e confessar esse pecado, caso ele exista.

Mas não vamos terminar com essa advertência austera, ainda que seja tão necessária. Vamos repensar na palavra que Jesus dirige a Zaqueu: "Zaqueu, desce depressa, porque hoje devo ficar na tua casa". As palavras de Jesus, uma vez pronunciadas, permanecem vivas para sempre; voltam a ser "ativas" e operantes todas as vezes que alguém as escuta com fé. A sua palavra a Zaqueu, portanto, é dirigida, aqui e agora, a cada um de nós. Desce: de onde? Eu tenho um palpite em relação a Zaqueu e espero que não seja um palpite temerário. Acho que ele não subiu na árvore apenas por ter pequena estatura e não conseguir ver Jesus, mas porque aquela era uma posição confortável. Permitia ver tudo, sem ser envolvido no entusiasmo da multidão. Passado o desfile, Zaqueu teria satisfeito sua curiosidade e voltaria para sua vida de sempre.

É a atitude dos que se interessam por Jesus, mas não a ponto de se deixar realmente agarrar por ele e perder a própria liberdade de escolha; dos que mantêm Jesus a uma "distância respeitosa". Se houvesse alguém nesta posição (e em certa medida talvez todos nós nos encontremos nela), aquela palavra de Jesus é dirigida a ele: "Desça daí, porque quero ir a sua casa, na pequena 'porciúncula' que é o seu coração. Quero entrar ao vivo em sua vida: em seu casamento, em seus negócios, em seus relacionamentos, em seus sentimentos. Não precisa ter medo. Zaqueu me recebeu 'com grande alegria', porque onde eu entro entra também a alegria. Não venho para pedir, e sim para dar. Você me receberá esta noite, como me recebeu Francisco, que neste lugar terminou sua aventura terrena e agora está na glória ao meu lado?".

XV
COM SÃO FRANCISCO DIANTE DO PRESÉPIO*

Ver com os olhos do corpo

Todos conhecemos a história de Francisco que em Greccio, três anos antes de sua morte, dá início à tradição natalícia do presépio. Tomás de Celano escreve:

> Cerca de duas semanas antes do Natal, o bem-aventurado Francisco mandou chamar um homem chamado João e lhe disse: "Se quiser que celebremos o Natal em Greccio, comece a preparar o que vou dizer: gostaria de representar o Menino que nasceu em Belém e de qualquer modo ver com os olhos do corpo as dificuldades que passou pela falta das coisas necessárias a um recém-nascido, como foi posto numa manjedoura e ficou em cima da palha, entre o boi e o jumentinho". [...] E veio o dia da alegria. Francisco vestiu-se com os paramentos diaconais, porque era diácono, e cantou com voz sonora o santo Evangelho: aquela voz forte e doce, límpida e sonora, convida todos às alegrias do céu. Depois falou com o povo presente, e com palavras muito doces relembrou o nascimento do Rei pobre e a pequena cidade de Belém[1].

É importante notar a intenção e o objetivo que moveram o Santo: "Gostaria – dizia – de representar o Menino que nasceu em Belém, e de qualquer modo ver com os olhos do corpo as dificuldades que passou pela falta das coisas necessárias a um recém-nascido, como

---

* Apresentação da coletânea de textos *Natale franciscano*, Padova, Edizioni Messaggero, 2016.
[1] Tomás de Celano, *Vida primeira*, XXX, 84-86 (FF 468-470).

foi posto numa manjedoura e ficou em cima da palha, entre o boi e o jumentinho".

"Ver com os olhos do corpo": neste detalhe está expressa a relação especial que Francisco tem com a pessoa de Cristo e com os mistérios de sua vida. Eles não os considera conceitos ou abstrações, ou simples "mistérios". São realidades vivas, concretas e palpitantes. Francisco devolveu "carne e sangue" aos mistérios do cristianismo, não raro "desencarnados" e reduzidos a meros conceitos e dogmas nas escolas teológicas e nos livros.

O que Francisco deseja "ver com os próprios olhos" são as dificuldades e a falta das coisas necessárias a um recém-nascido, numa palavra, a pobreza do Filho de Deus. É um detalhe que revela, juntamente com tantos outros, a compreensão original que o Santo tem do mistério da encarnação. Em certas épocas, a insistência demasiado unilateral, e às vezes até obsessiva, nos aspectos ontológicos da encarnação (natureza, pessoa, união hipostática, comunicação dos idiomas) levara a perder de vista a verdadeira natureza do mistério cristão, reduzindo-o a um mistério especulativo, a ser formulado com categorias cada vez mais rigorosas, mas muito distantes do alcance das pessoas.

Francisco nos ajuda a integrar a visão ontológica da encarnação com a mais existencial e religiosa. De fato, não importa apenas saber *que Deus se fez homem*; importa também saber *qual homem se fez Deus*, isto é, que tipo de homem escolheu ser. É significativa a maneira diferente e complementar com que João e Paulo descrevem o evento da encarnação. Para João, ela consiste no fato de que o Verbo que era Deus se fez carne (cf. Jo 1,1-14); para Paulo, ela consiste no fato de que "Cristo, sendo de natureza divina, assumiu a forma de servo e humilhou a si mesmo fazendo-se obediente até a morte" (cf. Fl 2,5ss). Para João, o Verbo, sendo Deus, se fez homem; para Paulo, "Jesus Cristo, sendo rico, se fez pobre" (cf. 2Cor 8,9).

Francisco de Assis alinha-se com São Paulo. Mais que na *realidade* ontológica da humanidade de Cristo (na qual acredita firmemente com toda a Igreja), ele insiste, até a comoção, em sua *humildade e pobreza*. As fontes dizem que duas coisas tinham o poder de comovê-lo até as lágrimas, todas as vezes que ouvia falar delas: "a humildade da encarnação e a caridade da paixão"[2]:

Não podia recordar sem chorar – escrevia Tomás de Celano – toda a penúria de que esteve cercada nesse dia a pobrezinha da Virgem. Certa vez, enquanto estava sentado almoçando, um dos frades lembrou a pobreza da Virgem bem-aventurada e a indigência de Cristo, Filho dela. Ele se levantou imediatamente da mesa, soltou dolorosos soluços e, com o rosto banhado em lágrimas, comeu o resto de pão no chão nu[3].

O espanto da criança

No entanto, para Francisco o Natal não era apenas a ocasião para chorar sobre a pobreza de Cristo; era também uma festa que tinha o poder de fazer explodir toda a capacidade de alegria que estava em seu coração. No Natal ele fazia loucuras, literalmente:

> Queria que, nesse dia, os pobres e os mendicantes fossem saciados pelos ricos, e que os bois e os jumentos recebessem uma ração de alimento e de feno mais abundante que o comum. Dizia: "Se eu pudesse falar com o imperador, pediria que promulgasse um édito geral, pelo qual todos os que puderem joguem pelas ruas trigo e grãos, para que nesse dia tão solene até os passarinhos e especialmente as irmãs cotovias tenham tudo em abundância"[4].

Parecia uma das crianças que ficam com olhos cheios de espanto diante do presépio. Durante a função natalícia em Greccio, conta o biógrafo, quando pronunciava o nome "Belém" o dizia com voz forte e especialmente de terno afeto, produzindo um som como um balido de ovelha. E todas as vezes que dizia "Menino de Belém" ou "Jesus", passava a língua pelos lábios, quase como se quisesse saborear e reter toda a doçura daquelas palavras.

---

[2] Tomás de Celano, *Vida primeira*, XXX, 84 (FF 467).
[3] Tomás de Celano, *Vida segunda*, CLI, 200 (FF 788).
[4] Tomás de Celano, *Vida segunda*, CLI, 199 (FF 787s).

Há um canto de Natal, o mais popular na Itália, que expressa com perfeição os sentimentos de São Francisco diante do presépio, ou seja, o espanto e a comoção diante do amor do Salvador que o impele a se fazer pobre por nós. É o canto *Tu scendi dalle stelle* [Tu desces das estrelas], com letra e música de Santo Afonso Maria de Ligório. O canto também se concentra nas "dificuldades" reais e práticas, na falta das coisas necessárias a um recém-nascido, "os panos e o calor das criaturas":

> Eis que lá das estrelas, ó Rei Celeste,
> tu vens nascer na gruta, ao frio agreste [...]
> Eis que faltam ao Senhor, Deus das alturas,
> Os panos e o calor das criaturas!
> Meu divino Pequenino
> Tal pobreza grande assim, mais me enternece
> Se penso que é o amor que te empobrece.*

O presépio como ícone

Reler hoje a história de sua instituição pode nos ajudar a redescobrir o sentido religioso e sagrado que infelizmente o presépio em grande parte perdeu. Para Francisco, o sentido do presépio era o mesmo que está na origem do ícone ortodoxo. O ícone foi definido como "uma janela aberta para o mistério". O que interessa a quem pinta e quem contempla o ícone é o objeto representado, não a representação do objeto. Seu olhar não se detém nas figuras e nas cores, vai além.

Infelizmente aconteceu com a arte do presépio o que ocorreu com a arte sacra em geral: a representação se torna facilmente fim em si mesma; o que conta é sua beleza e originalidade, mais que o mistério nela representado. Em vez de ser janela aberta para o infinito, a imagem sacra se torna como certas janelas "cegas" nos afrescos

---

* A letra original em italiano é esta: "Tu scendi dalle stelle o Re del cielo,/ e vieni in una grota al freddo e al gelo.../ A te che sei del mondo il Creatore,/ mancano i panni e il fuoco, o mio Signore./ Caro eletto pargoletto, quanta questa povertà/ più mi innamora, giacché ti fece amor povero ancora." A tradução transcrita aqui é consagrada em português, de autoria desconhecida. (N. da T.)

barrocos, que dão a ilusão de ver o que existe fora, ao passo que nelas tudo é falso.

No caso do presépio, a beleza artística, a técnica e a novidade (algumas vezes a estranheza) da representação correm o risco de ser a única coisa para a qual se olha e que atrai as pessoas. Essas coisas não devem ser menosprezadas, nem tampouco as competições e as mostras de presépios, mas a lembrança de Francisco deveria impelir ao menos as almas mais sensíveis a olhar o presépio com outros olhos, precisamente com os olhos do Pobrezinho.

O presépio pertence ao que na Idade Média era a "representação sacra" e também a chamada "Bíblia dos pobres". A Bíblia, como livro escrito e palavra viva, era então acessível para poucos. Afrescos, vitrais e imagens em geral respondiam à necessidade de tornar presentes eventos e personagens bíblicos também a quem não sabia ler e escrever. Poderíamos nos perguntar: hoje, que a palavra escrita e pronunciada está à disposição de todos, o presépio e a representação sacra em geral ainda têm sentido? A necessidade deles provém hoje de um motivo diferente, mas não menos urgente que no passado. Vivemos numa cultura que fez da imagem o principal veículo de comunicação. O valor perene da imagem e da representação visual nasce do caráter sintético e sucinto que ela possui e que permite que os que olham abarquem com um único olhar todo um acontecimento e uma história. Para uma sociedade "apressada" como a nossa, esta característica é muito importante.

Há um motivo ulterior para manter viva a tradição do presépio. As crianças de hoje são inundadas por imagens violentas; seria um pecado privá-las da possibilidade de contemplar imagens de paz e de simplicidade como as do presépio. Entre minhas lembranças mais vívidas da infância está a do presépio contemplada na igreja de minha cidade, ao final da Missa do Galo. Acabávamos de sair da Segunda Guerra Mundial e nossos olhos estavam cheios de outras imagens bem diferentes.

Muitos hoje gostariam de eliminar a tradição do presépio e de outros símbolos natalícios com o pretexto de favorecer, assim, a convivência pacífica com adeptos de outras religiões, na prática com os muçulmanos. Na realidade, esse é o pretexto de certo mundo laicista que não quer esses símbolos, não dos muçulmanos. No Corão há uma surata dedicada ao nascimento de Jesus que vale a pena conhecer. Diz:

> Os anjos disseram: "Ó Maria, Deus te anuncia a boa-nova de seu Verbo. E seu nome será Jesus ['Isà], filho de Maria. Será ilustre neste mundo e no outro. [...] Falará aos homens, ainda no berço, assim como na maturidade, e se contará entre os Santos". Disse Maria: "Ó meu Senhor, como poderei ter um filho, se homem algum jamais me tocou?". O anjo respondeu: "Assim será. Deus cria o que deseja, e quando decidiu uma coisa diz apenas: 'Seja', e é"[5].

A veneração com que o Corão recorda o nascimento de Jesus e o lugar que nele ocupa a Virgem Maria teve recentemente um reconhecimento inesperado e clamoroso. O emir de Abu Dhabi decidiu dedicar a *Mariam, Umm Eisa*, Maria Mãe de Jesus, a espetacular mesquita do emirado que antes levava o nome de seu fundador, o xeique Mohammad Bin Zayed.

O boi e o jumentinho

Para concluir, gostaria de dedicar uma nota a dois "personagens" presentes, por desejo de Francisco, no presépio de Greccio e em todos os presépios: o boi e o jumentinho. Do livro sobre *A infância de Jesus*, publicado por Bento XVI em 2012, os meios de comunicação destacaram praticamente uma única afirmação secundária, segundo a qual na manjedoura de Belém não estavam nem o boi nem o jumentinho. Uma surpresa estranha por parte da imprensa: bastava ter lido uma vez os Evangelhos para saber que neles não se faz menção aos dois animais.

Naquela ocasião, o próprio Bento XVI aludia à origem da tradição do boi e do jumentinho, mas vale a pena voltar a ela, fornecendo alguns elementos adicionais. Tudo se origina de uma tradução equivocada da passagem do profeta Habacuc que na versão atual diz: "No meio

---

[5] *Corano*, Sura III, trad. de M. M. Moreno, Torino, Utet, 1971, 65.

dos nossos anos faze conhecer a tua obra" (cf. Hab 3,2). Na tradução grega conhecida como Septuaginta, no lugar da palavra "anos" (em grego, *eôn*) estava "animais" (em grego, *zoon*). A frase adquiria, assim, um sentido diferente: "No meio de dois animais tu te manifestarás". Com tal significado a frase foi registrada na versão latina da Bíblia, a Vulgata ("*in medio duorum animalium innotesceris*"). A passagem de Isaías 1,3 ("O boi reconhece o seu dono, e o asno o estábulo de seu senhor"), unida ao fato de que Jesus tinha nascido numa manjedoura, por fim, levou a identificar os dois animais com o boi e o jumentinho.

Se a presença do boi e do jumentinho não tem um fundamento histórico, isso não significa que deva ser abandonada. As boas tradições também têm seu valor, independentemente de sua historicidade. Elas nos permitem entrar em comunhão com o patrimônio de sentimentos e de valores do passado. No nosso caso, a isso se acrescenta um valor simbólico: o criador de todos os seres vivos é acolhido por eles. Ele veio para restabelecer a harmonia original entre homens e animais. O boi e o jumentinho são desde sempre dois companheiros de vida e de trabalho do homem. O jumentinho reaparecerá, desta vez também historicamente, quando Jesus entra em Jerusalém para ali morrer (cf. Mc 11,2ss). Esses dois animais evocam um mundo agrícola, feito de pessoas pobres e trabalhadoras, e Jesus veio para resgatar e dar dignidade sobretudo aos humildes e aos pobres.

Uma bonita lenda sugere-nos como também nós podemos nos aproximar do Natal com a simplicidade e o assombro de Francisco de Assis. Entre os pastores que acorreram na noite de Natal para adorar o Menino havia um tão pobre que não tinha nada a oferecer e estava muito envergonhado por isso, mantendo-se distante. Todos competiam para oferecer os seus presentes. Maria não sabia como fazer para receber todos, pois tinha de cuidar do Menino. Então, vendo o pequeno pastor de mãos vazias, pegou o menino Jesus e lhe pediu que o segurasse. Estava de mãos vazias, foi sua sorte.

ÍNDICE DOS AUTORES E OBRAS CITADOS

A
Agostinho (Sto.) 16, 27, 51, 70, 104, 128, 145, 158, 163
Alberoni, F. 111, 117, 118
Ângela de Foligno (Sta.) 102, 164
Antão (Sto.) 145, 165
Armstrong, R. J. 37

B
Basetti Sani, G. 95
Basílio Magno (S.) 128
Bento XVI 21, 112, 140, 198
Bernardo de Claraval (S.) 162
Bihlmeyer, K. 154
Boaventura (S.) 23, 34, 37, 41, 46, 80, 87, 103, 122, 135, 147, 158, 163
Brodman, D. 33

C
Cardini, F. 95
Catarina de Sena 16
Claudel, P. 94, 109, 110
Congar, Y. 149, 158
Contini, G. 105
Cornet, B. 140, 142

D
Dante Alighieri 20, 22-24, 33, 55, 81, 96, 100, 110, 125, 147, 152, 161
De André, F. 97
Descartes, R. 25
Doroteu de Gaza (S.) 160
Dunn, J. D. G. 121
Durkheim, É. 117

F
Freud, S. 23, 25, 27-29, 31-33

G
Gandhi, M. K. 92, 167
Gaudium et spes 92
Goshen-Gottstein, A. 11, 13, 15, 19, 23, 33
Gounod, Ch. 16

H
Harnack, A. von 177
Hefele, C. J. 142
Heidegger, M. 28, 36, 159
Honório III 119

I
Imitação de Cristo (A) 49, 165
Inocêncio III 39, 77, 79, 117, 118, 124, 130, 131, 135, 155
Ireneu (Sto.) 55

J
Jacques de Vitry 95, 96
James, W. 11, 23
João Paulo II (S.) 21, 85, 91, 132, 133
Joaquim de Fiore 37, 41, 134
Jöri, M. 130

K
Kierkegaard, S. 17, 18, 28, 35, 163

L
Lampe, G. W. H. 31

Leão Magno (S.) 85, 142
Ligório, A. M. de (Sto.) 196
Lortz, J. 42, 56, 121
Lubac, H. de 124
Lucrécio 29, 30
Lumen gentium 129

M

Manselli, R. 150
Manzoni, A. 94, 171
McGinn, B. 37
McLuhan, M. 9
Merz, A. 121

N

Nietzsche, F. 22

O

Otto, R. 104

P

Pascal, B. 15, 16, 34, 91, 170
Péguy, Ch. 85, 86
Pelikan, J. 18
Petrarca 100
Platão 31, 174
Pseudo-Dionísio Areopagita 24, 112

R

Renan, E. 32
Rolland, R. 23

S

Sabatier, P. 32, 118, 119, 130, 154
Saint-Exupéry, A. de 112
Sartre, J.-P. 25
Silvano do Monte Atos 37, 159
Sofrônio (Arquimandrita) 37
Sullivan, F. 127

T

Tagore, R. 97
Teófilo de Antioquia 106
Teresa d'Ávila (Sta.) 17, 36
Teresa de Lisieux (Sta.) 17, 145
Terras, V. 26
Theissen, G. 121
Thode, H. 38
Tomás de Aquino (Sto.) 16, 23, 27, 134
Tomás de Celano 24, 30, 34, 38, 44, 46, 55, 56, 66, 73, 77, 87, 88, 103, 106, 108, 119, 122-125, 133, 137, 138, 142, 146, 151, 152, 155, 156, 180, 181, 193, 195
Tückle, H. 154

V

Verga, G. 62
Verreux, D. 89

W

Weber, M. 117, 118
White, L. 173

Edições Loyola

editoração impressão acabamento

Rua 1822 nº 341 – Ipiranga
04216-000 São Paulo, SP
T 55 11 3385 8500/8501, 2063 4275
www.loyola.com.br